ちくま新書

男子の貞操

——僕らの性は、僕らが語る

坂爪真吾
Sakatsume Shingo

1067

男子の貞操——僕らの性は、僕らが語る

【目次】

はじめに――僕らの性は、僕らが語る

本書は、「男子の・男子による・男子のための、新しいセックス論」です。「僕らの性は、僕らが語る」という立場から、日常生活の中で僕たち男子が直面する、性に関する問題とその解決策を、一つ一つ、論理的に読み解いていきます。そして、性生活を通して、人生を豊かにするためのスキルを身につけてもらうことを目的とします。

これまで、男子の性は、メディアや市場、政治やフェミニズムによって、「男子の性とはこういうものだ」と、勝手に定義され、代弁され、批判されてきました。しかし、実際に、当事者である僕たち男子自身が自らの声で性を語る、という場面は、ほとんどありません。

そして、男子の性は、「エロ」や「モテ／非モテ」といった、ワンパターンの文脈で語られることがほとんどです。男子の性は、意外にも実態が見えにくく、分析や支援の対象としてまともに取り上げられること自体、少ない状況にあります。

僕は、ＮＰＯの世界で新しい「性の公共」をつくる、というビジョンの下、「障害者の性」問題をはじめとした、社会の性問題の解決に関わる仕事をしています。

日々の活動の中で痛感しているのが、今の社会が、「男子が性を語れない社会」「男子に性を語らせない社会」である、ということです。

例えば、ＡＶ女優や風俗嬢、援助交際をしている女性は、必ずと言っていいほど、男性から「なんで、こんなことをしているの？」と聞かれます。僕たち男子は、自らの性を売る仕事をしている女性には、何らかの特別な事情があるに違いない、と考えがちです。

しかし、当事者の女性側から見れば、そういったお決まりの質問をされたときには、「あなたたち男性が、女性の裸を観たがるからに決まっているじゃない」「あなたのような男が、女を金で買ってセックスしたがるからに決まっているじゃない」と答えたくなる衝動に駆られるそうです。

考えてみれば当たり前の話ですが、今の社会にＡＶや性風俗、援助交際が存在するのは、僕たち男子がそれらを熱烈に求めているからに他なりません。女性側にのみ動機や理由を求めることは、完全にお門違いです。「なんで、こんなことをしているの？」と尋ねられるべきは、実は、僕たち男子の側です。

にもかかわらず、男性側の特別な事情＝利用動機やニーズが問われることは、ほとんどありません。メディアで好奇の眼差しを注がれたり、非難や社会的制裁の対象になったり、働く動機を執拗に問われたりするのは、常に、そこで働く女性側のみです。

あるＡＶ女優経験者の女性は、「男性は、女性の身体を通してしか、自分の性を語ることができないんです」と言います。つまり、男性は、自分の性を、自分の身体感覚を通して、自分の言葉で直接語るための語彙や文化そのものを持っていない。それゆえに、女性の身体の評価や採点、支配や売買を通して、間接的に自らの性を語ることしかできない。その意味で、百花繚乱の性産業の存在は、自分の言葉で性を語れない僕たち男子の不自由さを、饒舌に代弁していると言えます。

僕たち男子が、自分の性を語らない、語れないことによって、性に関する様々な社会問題が見て見ぬふりをされ、「そもそも存在しないもの」として、放置されている現実があります。

その結果、社会的に弱い立場にある女性や子ども、障害者、陽の当たらない売春・性風俗の世界に、現代社会の性に関する、あらゆるツケや矛盾が押しつけられてしまっています。

裏を返せば、僕たち男子一人一人が、自分の性を理解し、それを語る力を身につけることができれば、現代社会に溢れている様々な性問題に対して、解決の切り口を見出すことができるはずです。こうした背景から、僕は、「男子の・男子による・男子のための、新しいセックス論」の執筆を決意しました。

本書では、僕たちのセックスを、これまでのワンパターンの文脈に基づいた語り、テクニック解説や精神論に終始する語りから解放することを目指します。

二〇一三年八月に出版された『「若者の性」白書　第七回青少年の性行動全国調査報告』（日本性教育協会編、小学館）によると、若者の性行動は、この四〇年間、一貫して「日常化」が進行しています。

近年では、キス・デート・セックスといった性行動が低年齢化する一方、若者の性的関心や性行動の経験率は低下しています。これは、セックスが、「特別なもの」「非日常的なもの」ではなくなったがゆえに、それに対する興味や関心も、日常的なレベルにまで落ち着いてきた、あるいは、冷静にセックスのリスクとコストを計算できるようになったため、若者がセックスに一定の距離を置くようになったことの反映である、と考えられています。

しかし、僕たちの性が「日常化」しているにもかかわらず、セックスが「非日常」であると未だに考えている旧世代の大人が、「性道徳の崩壊」「今、若者の性が危ない」など、実体があるのかないのかよく分からない情報を流布させるため、世間には、男子の性をめぐるデマが飛び交っています。

そうした中では、セックス及びセックスにまつわるコミュニケーション・スキルの有無は、個人の人格や自己実現、はたまた人生の成否にかかわる深刻なものとして捉えられてしまう傾向があり、そのことが、問題を不要に複雑化させる原因になっています。

一方、毎日の暮らしの中で、僕たちがどのように性と向き合い、そこから実り豊かな人生を送るための果実を得るかという最も大切なことは、ほとんど議論されていません。

今の僕たちに必要なことは、セックスを過度に崇めたり、過度に蔑んだりせずに、毎日の生活の中で、自分の性、そして他者の性と付き合っていくスキルを身につけることです。

こうしたスキルを身につけることができれば、僕たちは、自分の性を、きちんと自分の言葉で語ることができるようになるでしょう。自分の言葉で語ることは、自分の力で決めることにもつながります。

僕らの性は、僕らが語る。そして、僕らの性は、僕らが決める。

そのために必要なスキルを、これから一緒に学んでいきましょう。

序章

僕らを射精に導くのは「誰の手」なのか？

†僕らを射精に導くのは、一体「誰の手」なのか？

冒頭からいきなりプライベートな質問で恐縮ですが、あなたは、自慰行為をするとき、どちらの手を使うでしょうか？　利き手が右手の場合、多くの人は右手を使うと思いますが、ネットのアダルト動画を見たり、雑誌をめくったりしながら自慰行為をする場合、右手でマウスや雑誌を持って、左手で行うという人もいると思います。

しかし、男子の性という問題を突き詰めて考えていくと、あなたを射精に導くのは、実は、あなたの右手でもなければ、左手でもありません。一体、「誰の手」なのでしょうか？

†僕たちの性は、記号に支配されている

正解を発表する前に、まず、僕たちが自慰行為の促進剤として使用している、性的な画像・動画・文章等の表現物を、改めて分析してみましょう。

僕たちは、女性の裸体が写っている画像・動画であれば、どんなものでも自動的に興奮するわけではなく、ある特定の条件を満たした女性の裸体に対してのみ、性的な興奮を覚

えます。

例えば、「女子高生（JK）」「人妻」といった、社会的所属。「一八歳」「二〇代」といった、年齢条件。「巨乳」「ロリ顔」「癒し系」といった、身体的特徴。「ヘアヌード」「無修正」といった、性器周辺部位の露出度合い。「新人」「素人」「初脱ぎ」といった、裸の鮮度。「教室」「オフィス」といった、脱がされる環境条件。

文章に関しても、「男性器を女性器に挿入した」という即物的な表現では、誰も興奮しません。官能小説を紐解けばお分かりの通り、「うら若い義母の、濡れそぼった淫裂の奥の花芯を、今にもはち切れそうな彼自身が、深々と貫いた」云々といった、読者のフェティシズムを煽るシチュエーションを設定した上で、暗喩やオノマトペ（擬音語・擬態語）を活用して、セックスを表現する必要があります。

僕たちを性的に興奮させる、こういった特定の条件を「記号」と呼びましょう。記号は、女性の身体的・社会的特徴や、身につけているコスチューム、置かれているシチュエーションを抽象化したもので、女性個人の人格から切り離された、実体の裏付けの無いイメージです。

分かりやすく言えば、「最近の若者」というものも、記号の一つです。世間やメディアでは、あたかも「最近の若者」がいるかのように議論がなされていますが、あくまで便宜上のイメージであり、実際には、「この人が『最近の若者』です」と指し示すことのできるような特定の個人は存在しません。

世間で流通している性的な商品・サービスには、僕たちを性的に興奮させるための記号が、ぎっしりと埋め込まれています。例えば、二〇一一年二月に発売されて、その裸体の美しさが話題を呼んだ、女優の嘉門洋子さんのヘアヌード写真集には、以下のような宣伝文がつけられています。

「息を呑むほど美しい、史上最高のヘア裸身。」

癒しと生命力をたたえたその肢体は、息を呑むほど美しい。

生まれたままの姿に還り、新たな物語を紡ぎ出す。女優・嘉門洋子がついに見せた完全ヘアヌード！

撮影が行われたのは、石垣島の手つかずの自然が残る広大なロケーション。

苔生した深い森の中、幻想的な海辺、荒々しい岩がつらなる大地。

神々しい大自然のなかで、生まれたままの姿を撮影。

（Amazonの商品説明より、一部を省略して引用）

「ヘア裸身」「女優」「生まれたままの姿」「神々しい大自然の中で」など、まさに記号の嵐。記号の商品化であるがゆえに、被写体である嘉門洋子さん個人の人格や感情には、一言も触れられていません。つまり、嘉門さんの身体や、それに付随するイメージを、「モノ扱い」「切り売り」しているわけです。

また、この原稿を書いている時点（二〇一三年七月二四日）での、AmazonアダルトDVDランキング一位の作品「橘梨紗 引退」には、以下のような宣伝文がつけられています。

正統派アイドルにヤリたい放題し過ぎた問題作「緊縛中出し」と、衝撃のAVデビューから引退までの全タイトルの中から選りすぐり10SEXを超高画質収録。もう二度と見られない美しい体・胸。剛毛が甦る。

もう二度と見られない美しいカラダ、揺れる胸、滴る愛液、超剛毛の一本一本まで鮮明にお届けします。剛毛、有り難うございました。

（Amazon の商品説明より、一部を省略して引用）

ここでも、「正統派アイドル」「緊縛中出し」「揺れる胸」「滴る愛液」「剛毛」といった、記号のオンパレードです。やはり、出演者である橘梨紗さんの身体は「モノ扱い」されており、橘さん個人の人格や感情には、一言も触れられていません。

こうやって活字にしてしまうと、その単純さにゲンナリしてしまいますが、こうした記号の組み合わせが惹起する、性的興奮の相乗効果によって、僕たちは射精するわけです。

どういった記号の組み合わせに対して性的興奮を覚えるかは、年齢差や個人差がありますが、ネットのアダルトサイトや、アダルトDVDのレンタルコーナーに行けば、「女子高生」「幼なじみ」「熟女」といったメジャーなものから、「微乳」「足コキ」「異物挿入」などのマニアックなものまで、ありとあらゆる記号を網羅した作品群が取り揃えられており、僕たちは、その中から、自分の好みの記号の組み合わせで作られた作品を選び、自由に観賞することができます。

アダルトメディアに溢れている、こうした「記号化された性」の消費に耽溺することの副作用として、僕たちは、生身の女性に出会った際にも、ついつい記号的な視点（美人か否か、巨乳か否か等）だけで、その女性の魅力を、表面的に評価・採点してしまう傾向があります。

初心な男子が、ＡＶの誇張して演出された記号的なセックスを、現実のセックスと混同してしまい、恋人にＡＶと同じような行為を要求して、呆れられてしまうという例は、昔から報告されています。

僕たちは、性的な快楽を得るために記号を活用していますが、時には、逆に記号に振り回されたり、騙されてしまうことがあります。恋人と付き合っている時にも、自分は彼女の生身に興奮しているのか、それとも彼女の記号に興奮しているだけなのか、分からなくなる時もあるでしょう。その意味で、僕たち男子の性生活と記号は、切っても切れない関係にある、と言えます。

しかし、僕たちの日々の性生活が、これほどまでに記号によって支配されているにもかかわらず、その記号の起源自体が問われることは、これまでほとんどありませんでした。

参考資料：「記号」のカテゴリー

■ シチュエーション

ＯＬ／お母さん／女将／幼なじみ／お嬢様／令嬢／お姉さん／お姫様／女教師／女戦士／女捜査官／家庭教師／ナース／学園もの／キャバ嬢・風俗嬢／キャンギャル／義母／ギャル／くノ一／コンパニオン／シスター／処女／時代劇／熟女／女医／女子アナ／女子校生／女子大生／そっくりさん／痴女／ドール／童貞／妊婦／秘書／人妻／不倫／巫女／未亡人／メイド／モデル

■ ＡＶ女優タイプ

アイドル・芸能人／アジア女優／巨乳／スレンダー／長身／超乳／ツンデレ／獣系／白人女優／貧乳・微乳／美乳／ぽっちゃり／めがね／ロリ系

■ コスチューム

学生服／競泳・スクール水着／ゴスロリ／女装・男の娘／セーラー服／制服／体操着・ブルマ／ニーソックス／裸エプロン／バニーガール／パンスト／ボディコン／ボンテージ／水着／ミニスカ／ランジェリー／レオタード／和服

■ ジャンル

格闘／脚フェチ／アニメ／姉・妹／イタズラ／淫乱／ハード系SF／SM／エステ／カップル／企画／騎乗位／巨乳フェチ／近親相姦／筋肉／逆ナン／ゲロ／コスプレ／ショタ／尻フェチ／素人／スカトロ／スポーツ／セクシー／単体作品／ダンス／痴漢／着エロ／調教・奴隷／泥酔／盗撮・のぞき／特撮／ドラマ／ナンパ／寝取り・寝取られ／パイパン／パンチラ／Vシネマ／ポルチオ／マッサージ／妄想／野外・露出／洋ピン・海外輸入／乱交／レイプ・強姦／レズ

■ プレイ

足コキ／アナル／淫語／飲尿／監禁／浣腸／顔射／顔面騎乗／鬼畜／くすぐり／クスコ／クンニ／拘束／ごっくん／残虐表現／潮吹き／縛り・緊縛／羞恥／主観／触手／即ハメ／手コキ／電マ／ドラッグ／中出し／バイブ／パイズリ／フェラ／ぶっかけ／放尿／指マン／凌辱／輪姦／レズキス／ローション／ローター

アダルトDVDの通販サイト：DMM（http://www.dmm.co.jp/mono/dvd/-/genre/）より一部省略して引用

それでは、僕たちを性的に駆り立てる、こうした記号は、一体、どこから生み出されるのでしょうか？

†記号を産み出す「母親」は誰だ？

『エロの敵　今、アダルトメディアに起こりつつあること』（安田理央＋雨宮まみ、翔泳社、二〇〇六年）には、漫画家の江川達也さん、ライター／AV監督のラッシャーみよしさん、AV監督の村西とおるさん、エロティックVシネマ監督の中野貴雄さん、著者の安田理央さんの五人が、衰退しつつあるアダルトメディアの未来について語り合う座談会の記事の一部が収録されています。

この座談会の見出しは、「お上よ、もっとエロを規制してくれ！」です。

……ではエロメディア復活のためにはどうしたらいいんでしょうか？

みよし「もっと規制をしていくとか？　逃げ場つくっておけばその方向に進んでいくからね」

安田　「だから今、唯一の規制に近いのがロリータでしょう。だから逆に求心力を持っちゃって、ロリ人口が増えてるんじゃないかな」

江川　「そうそう、だから規制はもっとガンガンすべき。日本人はびみょーなクリエイティビティがあるからね。そこからきっと何かを編み出すよ」

みよし「正常位以外禁止とか。たぶんすごい正常位が生まれますよ」

村西　「乳首は禁止とかもナイスですね〜」

中野　「(笑) みんなにヤマンバメイクをさせて素顔をわかんないようにするとか」

江川　「平安時代みたいに顔すら見せないとか」

……もはやエロ本規制の話じゃないじゃないですか!

江川　「ムチャクチャなこと言ってますけど (笑)、とにかくそういった規制が想像力を生むんですよ。だからこれからはお上の規制に期待しましょう」

この座談会自体、国家によるアダルトメディアの規制に対する、一種の皮肉として語られている部分もありますが、僕たちの社会における性産業の本質について、極めて示唆に富む内容が語られています。

僕たちの社会は、「何がわいせつに当たるかは、国家が決める」という、特殊な社会です。国家が、司法の場で「わいせつ物」と「そうでないもの」の線引きを行い、その基準に従う形、あるいは反発する形で、民間の企業や個人が、性に関する作品や商品、サービスをつくり出すという構造があります。

僕たちが日々利用しているアダルトDVD、マンガやアニメ、小説、はたまた性風俗のサービスも、国家による規制の歴史、及び、それに影響される形で策定された、業界団体の自主規制基準の歴史によって、表現やサービスの内容を規定されています。

つまり、現代社会において、最も大量の記号を産み出す母体となっている「記号のビック・マム」は、国家権力、すなわち「お上《かみ》」です。

僕たちは、一見、自分の意志で、自分の好みの記号を選び、自分の手で射精をしている、と考えています。しかし、現実には、お上によって、直接的・間接的に産み出された記号を、無意識のうちに選ばされ、勃起・射精させられているのです。

すなわち、冒頭の問いに戻ると、僕たちを射精に導くのは、右手でも、左手でもありません。「お上の見えざる手」です。

もし、あなたが「女子高生」という記号に性的興奮を覚えるのであれば、それは、決して、女子高生の裸が、他の年代の女性の裸と違って、格別に魅力的だから、女子高生のセックステクニックが、他の世代の女性よりも上だからではありません。一八歳未満の女子高生との性的接触を、お上が法律や条令によって規制しているからです。「禁じられているからこそ、魅力的に見える」だけの話です。

もし、あなたが、「ヘアヌード」という記号に性的興奮を覚えるのであれば、それは、お上がヘアヌード表現を禁止していた時代があったからです。

昔は、女性の陰毛＝アンダーヘアが写っているかどうかが、わいせつの判断基準だったため、雑誌や写真集で、ヘアの写ったヌード写真を掲載することは、摘発対象になっていました。

しかし、一九九一年を境に、ヘアの掲載は黙認されるようになりました。ヘアそのものに価値や魅力があったわけではなく、お上がヘアの掲載を禁止していたために、その反作用として、ヘアに価値が見いだされるようになったのです。

事実、外国では、女性のヌードにおいて、陰毛の有無に価値が置かれるようなことは少なく、「ヘアヌード」に該当する言葉自体が存在しません。ちなみに、「ヘアヌード」は和製英語です。

もし、あなたが、「無修正」という記号に性的興奮を覚えるのであれば、それは、お上が、性器や性交の場面を無修正で撮影した写真や映像を、営利目的で販売することを禁止しているからです。決して、女性器そのものに、官能的な魅力や本質的な美しさが備わっているからではありません。

九〇年代に一世を風靡したギャグ漫画『行け！　稲中卓球部』に、登場人物たちが、初めて見た女性器のグロテスクさに悲鳴を上げる場面がありましたが、多くの男子にとって、女性器は、造形的に格別に美しいものでもなければ、わざわざお金を払ってまで見たいものでもないはずです。

このように、僕たちが性的興奮を覚える対象・商品の大半は、お上による禁止の反作用として、「性的魅力」を事後的に付与された、ある意味では、まがいものにすぎません。

†「お上の見えざる手」がもたらすデメリット

「お上の見えざる手」によって、僕たちの性がコントロールされていても、一見すると、日常生活の中では、特にデメリットが無いように思えます。確かに、自分の性的興奮の起源が、仮に、お上による規制の産物だとしても、プライベートでの性生活に支障が出るとは思えないでしょう。

しかし、長期的に見ると、看過できない大きなデメリットが、確実に生じます。「お上の見えざる手」によって、性をコントロールされることで生じる最大のデメリットは、「貧しい性的快楽しか得られなくなる」ことです。

僕たちが得ることのできる性的快楽には、大きく分けて、二タイプの快楽があります。

一つ目のタイプは、「タブー破り型」の快楽です。禁じられているルールを破ったり、隠されているものを覗き見ることは、それ自体が、大きな快楽になります。子どもが、万引きに快感を覚えるのは、万引きが両親や教師によって禁止されているため、「タブーを破る快感」が味わえるからです。

多くの男子が、未成年や女子高生、人妻とのセックスに動機づけられるのは、それが、社会的・倫理的な「タブー」だからです。前述のヘアヌードや無修正動画の観賞によって得られる快楽もこのタイプです。「処女」や「素人」といった、純粋無垢とされる存在に高い価値が置かれる背景にも、このタイプの快楽の影響があります。

「タブー破り型」の快楽の欠点は、長続きしないことです。タブーを破った瞬間の快楽は強烈ですが、時間が経つにつれて、得られる快楽は低下の一途をたどります。「これまで、できなかったことができた」「やれなかったことがやれた」瞬間は盛り上がりますが、二回目、三回目と経験を重ねていくにつれて、どんどん感動や興奮は減ってしまいます。

ＡＶ女優の出演報酬が、デビュー作が最も高く、出演作が増えていくにしたがって低下していくのは、彼女たちの売っている性的快楽のタイプが「タブー破り型」だからです。現在、単体ＡＶ女優（一本の作品に単独で出演して、利益の取れるＡＶ女優）の寿命は、わずか数カ月～半年程度とされています。

今でも、男子の間で、セックス未経験の女性＝処女に価値を置く「処女信仰」は根強いですが、処女は、一度セックスしてしまえば、処女ではなくなるため、その時点で価値が無くなってしまいます。処女信仰にこだわっている限り、女性と長期的な恋愛関係を築く動機自体が損なわれてしまいます。

「タブー破り型」の快楽にハマってしまうと、新たな刺激、タブー破りを求めて、次々に相手の女性を取り換えたり、焼き畑農業のように女性を使い捨てる習慣が身についてしまいます。すなわち、「タブー破り型」の快楽は、誰かを犠牲にしたり、抑圧・差別したり、排除したりすることによってしか成立しえない快楽であると言えます。

†「エゴ」から「エコ」へ

二つ目のタイプは、「積み重ね型」の快楽です。これは、特定の相手との人間関係や思い出を積み重ねることで、その相手に対する感情的な信頼を深めていく過程で得られるタイプの快楽です。初対面の見知らぬ相手といきなりセックスをするよりも、一定の期間交際を続けている、相互的な信頼関係を築いた相手とセックスをする方が、心身共に満たされるのは、この「積み重ね型」の快楽を享受できるからです。

「タブー破り型」によって実現できる性生活を、「エゴ（egoism：利己的）」な性生活とすれば、「積み重ね型」によって実現できるのは、「エコ（ecology：他者と環境に配慮した）」な性生活です。

中長期的に性を楽しみたいのであれば、誰かの犠牲や排除を伴わない「積み重ね型」の快楽を得られるように、そして、それをきちんと楽しめるように、自分の心と身体を変えていくしかありません。「積み重ね型」の快楽をデフォルトにしてしまえば、お金も、時間も、相手を取り換える手間暇も、ほとんどかかりません。

しかし、「お上の見えざる手」によってコントロールされている限り、僕たちは、「タブー破り型」の快楽しか、得ることができません。お上の作ったルールや常識を破ることのみが快感である、お上の規制によって副次的に生み出された、「素人」「新人」「未成年」「人妻」といった、記号的な快楽を追いかけることだけが全てである、という間違った刷り込みが行われてしまいます。

二〇一三年六月、中高年の男性向け週刊誌（週刊ポスト六月二八日号）で「二〇代を抱いて死にたい」という、男性のエゴ全開の露骨なタイトルの特集が組まれ、男女双方の読者から賛否を呼びました。

「長年にわたって、深い愛情と信頼関係を育んできた妻と、幸せなセックスをしてから死にたい」ではなく、「二〇代の若くてきれいな身体を持っている女性であれば、相手は誰でもいい。相手の女性の人格や感情を無視した、記号的かつ自己満足的なセックスをしてから死にたい」と、心から願う中高年男性。ここから、死ぬまで記号から自由になれない現在の中高年男性の、もはや悲劇を通り越した、喜劇的な現実が見えてきます。

週刊ポストの記事

前述の通り、記号には、女性個人の人格や感情は一切含まれていません。記号的な快楽のみを追いかけることは、女性をモノ扱いすることにつながります。言い換えれば、相手の女性の人格や感情に対して、どんどん鈍感になっていくことを意味します。そして、その結果として、積み重ね型の快楽から遠ざかってしまいます。

二〇一三年の厚生労働省の調査で、六五歳以上の独り暮らしの男性のうち、一六・七%は、他人と会話する頻度が「二週間に一回以下」であることが分かり、高齢単身男性の社会的孤立が深刻化していることが、メディアで話題になりました。高齢単身男性の約六人に一人が、事実上、全く誰とも話さない、無言の生活を送っているわけです。

経験上、僕たち男子は、女性に比べて、人付き合いや、対人コミュニケーションが苦手なことが多いです。男子にとって、性的欲求は、女性とコミュニケーションを行うための大きな原動力になりますが、それがタブー破り型のみになってしまうと、そもそも、相手との関係が作れなくなってしまいます。

「セックスできそうか否か」「セックスしたいか否か」だけで女性を値踏みしたり、出会ってすぐに、告白や誘惑をしてしまうようでは、まず間違いなく、誰からも相手にされません。その意味で、この調査に表れている、孤立した高齢単身男性の姿は、僕たちの未来の姿でもあります。未婚の独身男性は、心身のストレスや経済的困窮、食生活の乱れによって、既婚の男性よりも早死にする、という統計データもあります。

すなわち、「どちらのタイプの性的快楽を追いかけるか」という問題は、単なる下半身だけの問題ではなく、パートナー作りの成否、ひいては、僕たちの人生そのものの成否にかかわる問題です。その意味で、「お上の見えざる手」によって、自らの性的嗜好を支配されてしまうことは、長期的に見れば、極めて危険です。

†なぜ、僕らはセックスをお上に丸投げしたのか?

そもそも、なぜ、僕たちの下半身は、「お上の見えざる手」によって握られ、コントロールされるようになってしまったのでしょうか? その答えは、僕たちの社会が、性に関する問題を自分の頭で考えることを放棄し、問題の解決を全てお上に丸投げしてきたからです。

男子の性を研究している社会学者・澁谷知美さんの大著『立身出世と下半身』(二〇一三年、洛北出版)には、明治~戦前期に至るまで、国家が男子の性的身体を、「立身出世」そして「お国」のために、教育・管理する過程が、詳細に描かれています。

近代社会における性の歴史は、「丸投げの歴史」です。僕たちの祖先が、性に関する自己決定権や管理権をお上に丸投げしたのは、それが、社会の近代化（富国強兵・産めよ増やせよ）を実現させるために必要な条件だったからです。

問題は、社会が近代化された後も、その風習が、消えずに残っていることにあります。淫行条例や児童ポルノ禁止法をめぐる論議に見られるように、現代でも、お上の権力によって、個人の性行動・性表現への規制を求める声は後を絶ちません。

前述の通り、僕たちの社会は、「何がわいせつに当たるかは、国家が決める」社会、言い換えれば、「何に対して、性的に興奮すべきか（すべきでないか）」を、いちいちお上に決めてもらわないと、勃起も射精も満足にできない社会です。

その結果、画一化された記号にすぎない官制の性欲に振り回され、「お上の見えざる手」によって射精させられているという現状、女性をモノ扱い＝記号的にしか捉えることができず、その結果として、特定の相手との中長期的な人間関係を築けずに、家庭内や地域内で孤立していくという、今の僕たちの性が置かれている、貧しすぎる現状が生み出されています。

†僕たちの性を、お上の手から取り戻すための三原則

それでは、僕たちの性を、「お上の見えざる手」から、僕たち自身の手に取り戻すためには、どうしたらいいでしょうか。次章からは、そのための方法論と処方箋を、分野別に提示していきます。

その前に、性というデリケートなテーマについて議論していく上での、本書の基本的な立場を述べます。

†〈議論の大原則①〉「叩いて終わり」からの卒業

長い間、性の問題をお上に丸投げしてきたせいで、僕たちの社会は、残念ながら、性の問題が起こった場合、特定の誰かや何かを「叩いて終わり」にする安易な態度を取りがちです。

二〇一三年に起こった、「女性手帳」炎上問題を例に挙げましょう。少子化対策を議論する政府の有識者会議「少子化危機突破タスクフォース」（座長・佐藤博樹東大大学院教授）は、妊娠や出産についての知識を啓発するための「生命《いのち》と女性の手帳」（仮称）の配

布を検討していました。

この案が浮上した背景には、妊娠・出産の適齢期を知らない人が多い、という現状がありました。厚生労働省の検討会で示された資料によると、妊娠に関わる知識の習得度を国、男女別にみた調査では、日本の男女の習得度は四割未満であり、先進国中最下位、新興国を含めても低位のレベルです。英国やオーストラリアなどでは六割を超えており、日本は、ブラジルやインドより低い状況にあります。

こうした知識不足が、晩婚化や晩産化の要因の一つになっていると考えられたため、タスクフォースでは、妊娠に関する正しい医学的知識の啓蒙のために、手帳を配布するアイデアを発案しました。

しかし、このアイデアは、メディアで「女性手帳」という呼称に勝手に呼び換えられ、その内容も、「国家による妊娠・出産への干渉」という視点で報道されました。

女性だけに限定して配布する、と決めていたわけではなく、男性に対する普及啓発活動も同時に行う、と報告書に明記されていたにもかかわらず、一部の女性団体などから「妊娠や出産は女性だけの問題ではないのに、女性だけに配布するのはおかしい」「女性の生き方の選択に、国が干渉すべきではない」などと批判が相次ぎました。結果的に、手帳の配布は見送られました。

タスクフォースの会議の中では、この問題だけが議論されていたわけではなく、少子化対策として、待機児童の解消や、地域の子育てネットワークの充実、多子世帯の支援、育休の取得・時短勤務支援や、男性の長時間勤務を減らし、多様で柔軟な働き方をしやすくするなどの改革も話し合われていました。変わるべきは女性ではなく、社会・企業・男性であるという議論も出ていました。

しかし、焦点が当てられたのは、なぜか「女性手帳」だけでした。メディアも、一部の女性団体も、タスクフォースの主張を、自分の見たいものだけを、自分の見たいように見て批判していたにすぎません。

つまり、僕たちの社会は、性に関する自己決定権や管理権を、長年お上に丸投げしてきたがゆえに、性に関する社会問題が発生した場合に、「また、お上がバカなことをやろうとしている」「だからこそ、賢明な私たちが、批判してやらなければいけない」という色眼鏡＝極めて歪んだ認識枠組みでしか、対応策を考えられなくなっています。これは、大いなる不幸であり、社会的損失です。

こうした、「叩いて終わり」という発想からは、性の問題を自分たちの問題として引き受けた上で、解決策や代案を出していく姿勢は、決して生まれません。お上に丸投げする態度も、お上を叩いて終わりにする態度も、お上に全ての責任を負わせて、自分では何もしない、という点で、同じ穴のムジナです。

今必要なのは、等身大の範囲でも構わないので、自ら代案を出し、実行していく姿勢です。

†〈議論の大原則②〉「不活発なリアル」と「活発なフィクション」を、いずれも否定しない

他国とのデータ比較をすると、日本人の性行動は、全世代にわたって「極めて不活発」なことが特徴です。性生活に関する各種統計調査の結果が示している通り、日本人の性生活の頻度は、決して多くはありません。メディアでは、若年男子の草食化や、夫婦間のセックスレスの話題が、度々取り上げられています。

にもかかわらず、マンガやアニメ、ゲームやアイドルといったサブカルチャー領域での性表現は、特殊かつ過剰に発達しています。また、日本はポルノ生産大国と海外から批判されるほどのAV生産大国でもあり、一部のAV女優は、中国や台湾などのアジア各国で大人気になっています。

つまり、僕たちの社会には、「不活発なリアル、活発なフィクション」というギャップが存在しているのです。

「不活発なリアル」と「活発なフィクション」は、いずれも、メディアや評論家にとって、格好のターゲット＝商売のネタになります。書店の本棚を見れば、それらを批判したり肯定したりする本が、山のように並んでいます。

本書では、男子の草食化や夫婦間のセックスレスといった不活発なリアルを問題視する立場も、マンガやアニメの性表現などの活発なフィクションを問題視する立場も、いずれも採用しません。

その理由は、メディアでセンセーショナルに取り上げられるような現象＝若年男子の草食化やセックスレスの増加をいくら問題化したところで、多くの場合、単なる「ワラ人形叩き」（そもそも存在しない対象を批判したり、問題化するに値しない現象を問題化して、時間と労力を無駄にすること）にしかならないからです。

もちろん、統計上に現れた数字の解釈の仕方によっては、「二〇代男子の草食化が進んでいる！」「夫婦間のセックスレスが増加している！」という結論を出すことは可能ですが、メディア受けを狙った、扇情的かつ抽象的な議論を繰り返したところで、生産的なものは何も生まれません。

むしろ、「なぜ、若年男子の草食化やセックスレスは、問題化されるのか」「問題化のされ方自体に、そもそも問題がないか」という問いを考えた方が、はるかに生産的です。

そのため、本書では、不活発なリアルと活発なフィクションを、それぞれ否定せずに受け入れた上で、それらを問題化する社会自体を問題化し、その裏に隠れている、より深い問題や論点にまで、切り込んでいきたいと思います。

†《議論の大原則③》当事者は他の誰でもなく僕たち自身である

今の社会では、性に関する問題が起こった場合、女性の側だけに、当事者や被害者としてのスポットライトが当てられる傾向にあります。二〇一三年には、性風俗店で働いていたことが発覚して懲戒処分を受けた大阪府立高校の女性教諭や、無修正のＡＶに出演して逮捕された世田谷区の小学校の女性音楽講師が、ネットや週刊誌で話題になりました。

こうした事件が起こった場合、性風俗店の経営者や無修正のＡＶを配信しているアダルトサイト運営者の男性、性風俗サービスや無修正のＡＶを利用している消費者の男性の側に、女性と同じようにメディアの注目が集まったり、ネット上で実名や住所を晒されたり、実家に取材陣が押し掛けるといった社会的制裁が加えられることは、まずありません。性風俗の世界の問題構造や、海外サイトを経由した無修正動画の配信が野放しになっている現状にも、触れられることはありません。ただ、女性個人を叩いて終わり、というケースがほとんどです。

女性のみが、事件の当事者や被害者として、メディアで興味本位かつ執拗に語られる対象となる一方、消費者や業者、加害者である男性の側については、誰も、何も、語らない社会。僕たちが生きている社会は、男性が性にまつわる問題の当事者にならなくても済む社会、より正確に言えば、本当は当事者であったとしても、そのことを意識せずに、平然と生きていくことができてしまう社会です。

しかし、本書の冒頭で述べた通り、僕たち男子が性を語らず、性の当事者になることから逃げ続けているために、その全てのツケが、社会的に弱い立場にある人たちに押し付けられてしまっています。

本書のテーマである「僕らの性は、僕らが語る」は、言い換えれば、自分自身の性の当事者になる、ということです。当事者という言葉には、何やら重たい責任や義務を背負わされるような響きやイメージがあるかもしれません。

しかし、当事者になる、ということには、自分自身の性、そして他人の性に対する想像力を獲得できるメリットがあります。次章以降で詳しく述べていきますが、この想像力こそが、性を語る言葉を持っていない僕たちが、沈黙という名の孤島、記号という名の牢獄から抜け出し、豊かな性の世界に羽ばたくための翼になります。そう、あなたの性の当事者は、他の誰でもない、あなた自身です。ぜひ、この事実を常に意識しながら、これからの議論を読み進めてください。

第一章

性を「見分ける力」を身につけよう

†男子が感染しがちな、性に関する社会的な「病」

まず、仮想事例の分析を通して、僕たち男子が発症しがちな、生活習慣病ならぬ「性活習慣病」を解説します。「性活習慣病」とは、糖尿病や肥満、高血圧などの生活習慣病と同様に、現代社会特有の生活環境の中で、不適切な性生活習慣を積み重ねることで引き起こされる、社会的な病です。

仮想事例①ある大学二年生・A君（二〇歳）の悩み

地方に住んでいた高校時代は、勉強一筋だったため、恋愛経験は全く無い。東京の大学に入学後、彼女を作りたいと思い、あまり興味の無いサークルやゼミに、いくつか入ってみた。その中で、年上の女子の先輩とそれなりに仲良くなったのだが、彼女の容姿が、今一つ自分の好みではない。相手の容姿、読んでいる本や聴いている音楽に対して、「こうあってほしい」「これじゃなきゃダメだ」という、自分なりの譲れないこだわりがある。

ただ、それでも、女性とセックスはしたい。セックス目的で彼女に告白してもいいのだが、勇気が無いし、もし振られたときのことを考えると、怖い。彼女は性体験が豊富そうなので、それまでの男と比較されることも怖い。彼女の前では、性体験が豊富なふりをしているのだが、実際はまだ童貞。

容姿には自信が無く、ファッション雑誌を自分なりに研究して、バイト代の大半は、それなりに高価な服やアクセサリーにつぎ込んでいる。「これを買えば、モテるのではないか」「新しい自分に変われるのではないか」という期待があるのだが、今のところ効果は無い。

彼女のいる友人をみると、強い劣等感に駆られる。友人から「彼女はいないの？」と聞かれると、ただのサークル仲間に過ぎないその先輩の女子のことを、さも付き合っている彼女であるかのように話してしまい、自己嫌悪に陥ってしまう。正式な彼女ができれば、きちんとセックスを経験して、童貞を卒業できれば、男として、ワンランクアップできる気がするのが……。

この事例の中で、主人公の男子学生を悩ませている、最も根本的な問題は、「女性を記号的な観点からしか認識・評価できないこと」です。

彼は、サークルの場で先輩の女性と仲良くなりますが、彼女を、容姿や、読んでいる本や聴いている音楽などの極めて表面的＝記号的な観点からしか、認識・評価できていません。

つまり、「相手との関係づくりを通して、お互いの興味や価値観のすり合わせを行っていこう」という動機をはじめから持っておらず、「自分を変えずに、今の自分が反応する記号を持っている女性のみを探す」という姿勢に留まっています。女性との人間関係の作り方を知らないがゆえに、人格ではなく、記号にしか反応できない。自分を脅かさないものにしか、関心を示せないわけです。

たとえるならば、目の前にどんなに美味しいメニューが出されても、「ボクは、ママの作ったカレーしか食べない！」と、味見もしようともせずに、全て拒絶してしまう幼児と同じです。「自分が食べたことのあるメニュー以外は食べない」という姿勢では、人間関係の豊かさ、セックスの豊かさを味わうことは、永遠にできません。

同様に、「彼女ができれば、きちんとセックスができれば、男として、ワンランクアップできる気がする」といった、一種の自己啓発、男性としてのプライド向上のための踏み台としてしか、女性やセックスを考えられない固定観念にも、問題があります。

僕たちが、こうした固定観念に囚われてしまう最大の理由は、「思春期のセックス・ブランク」にあります。男の子は、通常、一一～一三歳前後の年齢で精通を迎え、身体的にセックスをすることが可能な状態になります。しかし、現在の男子の平均初交年齢は二〇歳前後なので、身体が性的に成熟してから、実際に生身の女性とセックスができるようになるまで、平均七～一〇年程度のブランクが生じるわけです。

このブランクの期間に、多くの男子は、メディアを通じて、おびただしい量のセックスの記号消費の洗礼を受けます。前章で挙げたような、女性の身体を記号化した表現に満ち溢れているマンガやアニメ、ゲームやライトノベル、アダルトＤＶＤを通じて自慰行為をすることが、習慣化します。

その結果、女性に対して、人格的な観点からではなく、記号的な観点からしか認識・評価・興奮できないＯＳが、頭の中に、半自動的にインストールされてしまいます。こうなってしまうと、「人格」と「記号」を見分けられなくなってしまうため、二〇歳前後になって、いざ生身の女性との恋愛やセックスに乗り出そうと思っても、女性とうまく人間関係を作ることができなくなってしまうのです。

†身の回りの女子を、採点・比較せずにはいられない！

これと並行して生じるのが、「採点」と「比較」です。女性を記号的な観点からしか認識・評価できないと、出会った女性の身体や容姿等の条件を、批判的に採点・比較することが習慣化してしまいます。同時に、その反作用として、自分の容姿を批判的に採点したり、他者と比較して悩む癖がつきます。

ネット上には、女優や芸能人、AV女優や風俗嬢の容姿を採点・比較する言説が溢れかえっています。今の社会で、女性が有名人になるということは、不特定多数の相手から、顔と身体を批判的に採点されることとイコールです。

恋愛経験の無い童貞の男子にかぎって、女性の好みがうるさく、顔が可愛くないからといって、（頼まれてもいないのに）周囲の女性の容姿を勝手に採点し、恋愛の対象から除外する傾向があります。

男子が、他人や自分の外見にこだわる理由は、二つあります。一つ目は、他に、判断基準・価値基準を知らないからです。それゆえ、「外見」と「中身」を見分けられない。

二つ目は、自己防衛です。恋愛に乗り出して、自分が傷つくことを前もって避けるために、相手の外見が気に入らないから、自分の外見に自信が無いからという理由で、人間関係から退却して、安全地帯にこもるわけです。その意味で、記号は「男子のプライドを守るための盾」とも言えます。

アメリカには、「トロフィーワイフ」という言葉があります。これは、社会的に成功した男性が、勝者の証（トロフィー）として、他人に自慢できるような、若くて美しいセレブな女性を妻にすることを指します。これになぞらえて、他人に自慢するためのセックスを、「トロフィーセックス」と呼びましょう。

本来、セックスは、自分と相手のために行うものですが、女性を記号的な観点からしか認識・評価できないと、自分のためでも相手のためでもなく、他人に自慢するため、他人の視線や評価を内面化したトロフィーセックスしかできなくなってしまいます。

すなわち、性体験の人数（数をこなした奴が偉い！）や、射精回数を増やすこと（何度も射精できる奴が偉い！）、他人に勝つこと（モデル並みの美女とセックスできた奴が偉い！）が、性生活の目標になってしまいます。

なぜ、他人の性と比較せずにはいられないのか。それは、それだけ、現在の自分の性生活に自信が無いからです。自分を納得させるため、不安から逃げるために、目に見える数字や基準を求めてしまうのです。そうなると、セックスの「目的」と「手段」を見分けられなくなってしまいます。

こうした「性活習慣病」に感染してしまうと、性の持つ多様な側面を見分ける力が失われてしまい、その結果として、「モテ／非モテ」などにまつわる、ありもしない単純化された虚構や幻想に踊らされてしまうことになります。

†モテても、結婚しても、決して無くならない不全感

仮想事例②ある会社員・Bさん（三一歳）の悩み

結婚してから二年がたつ。妻とは、職場恋愛で結婚した。容姿が好みだったのと、向こうが三〇歳を間近にして結婚を焦っていたこともあって、交際開始から半年で、すんなりゴールインした。

しかし、妻とのセックスは、最初こそ盛り上がったものの、次第に関心が薄れていった。これまでの自慰行為の影響か、妻の膣内で射精するのが難しく、時間がかかってしまう。なかなか射精まで至らずに、気まずい雰囲気になることもしばしば。仕事の忙しさもあって、妻との性生活は、結婚一年目から、ほとんど無くなっている。

性的な欲求はもちろんあるので、学生時代と同様に、パソコンのアダルトサイトやスマホで、最新情報をチェックしている。結婚して三〇を超えても、やっていることが高校時代から変わっていない気がする。昔好きだった女優が脱いだ映画のＤＶＤは、こっそり借りてチェックしている。

周りの同僚の中には、不倫や浮気をしている人もいるが、そこまでヤル気にはなれない。それでも、雑誌の「ＬＩＮＥで浮気」特集には、つい目を通してしまう。

これまでの性体験は、大学時代の元彼女と、職場で知り合った現在の妻の、合計二人。今の妻との関係に不満があるわけではないのだが、このまま、性とは無縁の生活を死ぬまで送るのか、と思うと、学生の時にもっと遊んでおけば良かったな、と思ったりする。

このまま性欲にフタをして生きるのも、学生時代のようにアダルトメディアをチェックし続けるのも、不倫や浮気をするのも、何かが違うと思うのだが、どのような解決策があるかは分からない。

最近、子どもを作るために妊活を始めたので、月に一回、妻の排卵日に合わせて、セックスをするようにしている。しかし、妻からセックスの日時を指定されることと、膣内での確実な射精を要求されることがプレッシャーになっているため、行為自体は、むしろ苦痛に近い。これが延々と続くかと思うと、気分が重くなる。

この事例は、結婚したものの、性的に満たされていない男性の例です。セックスを通して、妻との人格的な関係を深めることもできず（深め方が分からない！）、かといって、新たにセックスパートナーを作る勇気もエネルギーも無く、思春期の頃と同じように、相も変わらず、アダルトメディア経由でのセックスの記号消費に耽溺するしかない現状。子作りのためのセックスも、ほとんど苦行でしかない。

メディアにはあまり出てきませんが、こうした性的な不全感、モヤモヤ感を抱えながら生きている男性は、相当数に上ると思われます。女性を記号的な観点からしか認識・評価できないまま結婚してしまうと、高確率で、この事例の男性のように、満たされない日々を送るハメになってしまいます。

すなわち、女性を記号的な観点からしか認識・評価できない「性活習慣病」は、「モテれば治る」「結婚すれば治る」レベルのものではなく、下手をすれば一生、僕たちの性生活に悪影響を及ぼし続ける、根深い病なのです。

†まず、性を「見分ける力」を身につけよう

僕たちが、これからの自分自身、そして社会の性問題を考えていく上で、最も必要なことは、性の持つ多様な側面を見分ける力＝リテラシーを身につけることです。

リテラシーとは、主に読み書きをする能力という意味で用いられる言葉です。例えば、メディア・リテラシーとは、新聞やテレビといったメディアに流れる情報を鵜呑みにせず、自分の判断で、主体的にそれらを読み解く能力を指します。

本書では、世間やメディアに溢れる、性に関する偏った情報や神話を鵜呑みにせず、自分の判断で、主体的にそれらを読み解く能力を「セクシュアル・リテラシー」と呼びます。

これまで述べてきた通り、リテラシーが無いと、「記号」と「人格」を見分けることができません。「外見」と「中身」を見分けることができません。「目的」と「手段」を見分けることができません。すなわち、リテラシーの無い状態で、性生活に乗り出すことは、信号や交通標識を理解できない状態で車を運転するようなもので、確実に事故に遭います。

残念ながら、僕たちの社会は、セクシュアル・リテラシーの極めて低い社会です。セクシュアル・リテラシーを教えてくれる人もいなければ、学べる場所も用意されていません。

そのため、多くの人は、自分のセクシュアリティ（性に関する考え方や行動）と、他人のセクシュアリティを見分けることができません。性教育バッシングや、児童ポルノ禁止法問題におけるマンガ・アニメ規制のように、「自分が見たくないものは、誰にとっても見たくないもののはず」「自分たちの世代の性意識・性体験・価値観こそが、普遍的かつ最善のものであるはず」という、リテラシーのかけらも無い理由で、政策提言や規制強化が進められてしまいます。

今必要なことは、セクシュアル・リテラシーを活用して、性の持つ多様な側面や、自分の性と相手の性の違いをきちんと見分け、理解した上で、性を過度に崇めず、不自然に遠ざけず、日常生活の中で、自然体で性と付き合っていくことです。

次章からは、そのための処方箋を、七つの分野別に提案します。便宜上、異性愛の男性を対象としていますが、処方箋の内容自体は、同性愛の男性にもそのまま応用可能です。ぜひ参考にしてください。

第二章

「男子のセックス」七つの処方箋

射精 僕らの「射精原論」――まず、射精をとらえなおす

射精。男子であれば、誰もが日常的に行っている行為であり、男子にとって、全ての性生活の原点となる行為です。しかし、これまで僕たちは、射精について、真面目に考える機会を与えられてきませんでした。友人同士の会話でも、射精の「頻度」に関して、冗談めかして語られることはあっても、その「意味」や「質」について真剣に語られることは、まず無かったはずです。

前述の通り、僕たちの射精は、お上の見えざる手によって、支配されています。射精を、新たな視点から捉えなおし、僕たち自身の手に取り戻すことが、豊かな性生活を実現するための、最初の処方箋になります。本節では、そのベースとなる「射精原論」を提示します。

†射精の歴史――「神の見えざる手」から「お上の見えざる手」へ

射精の歴史は、実は、宗教や国家による、男性の身体管理の歴史として見ることができます。

自慰行為を示す「オナニー」という言葉は、旧約聖書の創世記三八章に登場するオナンという男性が由来です。オナンは、若くして亡くなった兄の妻に子供を作らせるために、兄の妻と結婚させられます。しかし、オナンは、自分のものにはならない子を作りたくなかったので、兄の妻とのセックスの際に、膣外射精をして、精液を地面に漏らします。このことが神の怒りを買い、オナンは神によって殺されてしまいます。

冷静に考えれば、兄嫁と無理矢理結婚させられた上に、膣外射精をしただけで神様に殺されるというのは、非常に不憫な話ですが。

この話は色々な解釈ができますが、キリスト教圏の世界において、男性の性は、個人が自由に使用してよいものではなく、共同体や宗教のルールの中で使用すべきものである、生殖を目的としない射精は罪であるといった考えの基盤になりました。

射精が、個人の意思ではなく、宗教や共同体といった大きな存在によって規制されている状態は、実は、太古の昔から今に至るまで、変わっていません。

ユダヤ教やキリスト教では、自慰行為や売春などの生殖を目的としない射精は、神の意志に背く行為として、罪とみなされました。以降、西洋のキリスト教圏では、男性の射精は、「神の見えざる手」＝宗教的な力によって、管理・支配されることになります。

一八世紀以降、西洋社会では「オナニー有害論」が唱えられるようになり、自慰行為は、様々な病気や心身虚弱を引き起こす「悪」として、医学的にも社会的にも、禁止の対象になりました。

この背景には、国家の近代化の過程で、男性の性的身体を、健康な肉体を持った、優秀な兵士、モラルを持った善き市民として、一定の方向に管理する必要があったと考えられています。その過程で、「神の見えざる手」から「お上の見えざる手」へと、男性の射精に対する支配権がバトンタッチされていきます。

一方、日本では、江戸時代、儒学者・貝原益軒の『養生訓』において、「精液を減損しないこと（無駄に射精しないこと）が、養生（健康管理）の基本」という説が説かれていましたが、自慰行為を有害視するような宗教的理由や文化は、特にありませんでした。

しかし、明治以降、西洋のオナニー有害論が輸入され、西洋同様に、医学者たちによって、青少年に対し自慰行為の禁止が説かれるようになります。「自瀆」や「手淫」という言葉が発明され、射精を汚らわしいもの、忌むべきものとみなす風潮が広まっていきます。

こうした中で、一部の性科学者は、オナニー有害論を医学的根拠の無いものとして否定し、自らを穢す行為＝「自瀆」に代わって、自らを慰める行為＝「自慰」という言葉を提唱します。

当時は少数派だった「自慰」という言葉は、戦後、オナニー有害論が科学的な見地から否定されていく中で、主流になります。現在では、自慰行為を有害なものとみなす医学者や教育者はほぼ皆無ですが、明治以降に生まれた、射精を汚らわしいもの、忌むべきものとみなす風潮は、まだ完全には消えていません。

†男性の性欲は「ケアの対象」ではなく「処理の対象」

オナニー有害論が科学的に否定された現在も、射精をはじめとする男性の性欲・性行動は、無根拠な思い込み＝「神話」によって支配されています。

二〇一三年、大阪の橋下市長が、沖縄の海兵隊司令官に対して「もっと風俗業を活用してほしい」と発言し、大きな波紋が広がりました。この発言の背景には、「海兵隊の男性兵士には、野獣のように抑えきれない性的なエネルギーが充満しており、それを発散できる場を設けないと、性犯罪につながってしまう」という考えがあります。

男性の性欲は本能的・衝動的なものであり、制御が難しいという「野獣神話」は、何の根拠も無い、前近代的な発想ですが、未だに、人々の頭の中に、根強く残っています。

一方、橋下市長によって、積極的な活用を勧められた性風俗産業では、男は皆、今すぐに射精したがっている、コンドームをつけずに膣内射精をやりたがっているという前提に基づいて、サービス価格やシステムが決定・序列化されています。

出会い系サイトのセールストークは、「即アポ即ハメ」＝すぐに女性と出会えて、すぐにセックスできますよ、というものが大半です。性風俗産業の最高峰である高級ソープは、「即尺」＝シャワーを浴びる前に、すぐにオーラルセックスをしてくれることや、「生本番」＝コンドームをつけずに、膣内射精ができることを売りにしています。

「おいおい、僕たち男子は、そんな頭の悪い、倫理観や衛生観念の欠如した野獣ばっかりじゃないよ」と突っ込みたくなりますが、性風俗や出会い系をはじめとした、いわゆる射精産業では、そういった「野獣神話」「即ハメ神話」「生本番神話」で覆い尽くされています。

射精は一見、最もプライベートな行為に思えますが、実際は、社会的・政治的・商業的な力が作用しています。射精を有害視する社会の力、そして、射精を商業的に利用したい市場の力の相互作用で、僕たちの射精は、かくも貧困極まりないものになっているのです。

†「処理のための射精」から「ケアのための射精」へ

現代社会では、女性の生理は、普通に人前で語ることができ、生理休暇制度が設けられているなど、社会的な「ケアの対象」としてとらえられています。生理用品は、近所のドラックストアやコンビニで気軽に購入することができますし、生理用品のCMも、テレビのゴールデンタイムで当たり前に流されています。

しかし、男性の生理＝射精は、社会的な「ケアの対象」としてみなす視点が無く、単なる「処理の対象」＝人目につかない場所にとっとと捨てるべき生ゴミ、としてしかみなされていません。

僕の運営している非営利組織・ホワイトハンズでは、自力での射精行為ができない男性重度身体障害者に対する射精介助サービスを、全国各地で提供しています。射精を「自慰」「セックス」から切り離し、性欲の処理としてではなく、性機能のケア、性の健康と権利を守るためのケアとして、射精の介助を行う、という理念でサービスを行っています。

ケアを受けた利用者の感想は、「性欲を処理できてよかった」というものよりも、「男性としての自尊心を回復することができた」「ストレスから解放され、心と身体が楽になった」「元気が出た」というものが多いです。

「射精ができない」という状況は、男性にとって、単なる性的な欲求不満だけでなく、自尊心の低下や精神的ストレスの増大、そして、それらに伴う、日々の生活における活動意欲の低下を招きます。

射精介助の利用者のデータを詳しく分析したところ、「射精介助の利用頻度は、社会参加の活発さに比例する」という傾向が見えてきました。射精介助を頻繁に利用する人ほど、地域での自立生活や障害者スポーツ、就労や趣味を通した社会参加活動を、積極的に行っていました。性的な積極性と社会的な積極性との間には、相関関係があるのです。

こうした例を挙げるまでも無く、男子にとって、日々の射精をきちんと楽しむことが、心身の健康維持・向上につながり、明日への活力になることは、直感的に理解できると思います。射精は、食事や睡眠と同様に大切な生活習慣であり、僕たちが社会の中で生きていくための原動力になります。

そして、射精によって放出される精子は、人間にとって最も大切な「次世代の命の源」です。決して「処理すべき生ゴミ」ではありません。

今、僕たちに最も必要なことは、日々の射精行為を、単なる「性欲の処理」としてではなく、「自分の身体と心のケア」として考えることです。合言葉は、「処理のための射精から、ケアのための射精へ」です。

†「コミュニケーションの手段」としての射精

現在、「射精は、人から見られない場所で、こっそり一人でやるもの」という認識が浸透していますが、戦前の男子学生は、寄宿舎において、先輩の指導の下、集団で自慰を行うこともあったそうです。男の子が、友人同士で一列に並んで射精を行い、精液の飛距離を競う遊びをした、という逸話は、数多く残っています。

つまり、射精が、個人的な「快楽の手段」だけでなく、仲間内における「コミュニケーションの手段」としても、考えられていたのです。

射精とまではいかなくても、友人や知人同士で、お互いの性に関するテーマでコミュニケーションをすること、それ自体が、語り手の心身のケアや、仲間内での絆の構築につながる場合があります。

ホワイトハンズでは、「障害者の性」問題を考えるワークショップを、全国各地で開催しています。ワークショップでは、身体障害者の恋愛やセックス、知的障害者の性教育、要介護者の性生活に関する問題などを、具体的な事例を通して、参加者間で話し合います。

ワークショップの参加者は、「毎日の生活の中では、誰かと性について話し合う機会が無いので、こういう場で自分の意見を発表したり、他の人の意見を聞くことができて、とてもためになった」「思い切って、自分の性のことを話したら、気分がすっきりした」と語ります。

性の問題を議論するということは、自分自身の性に対する価値観や経験を、一定の範囲内でオープンにして、人前で話す必要があるということです。安全な空間の中で、自分の性、他人の性を真摯に語ることは、それ自体が、大きな解放感や癒しをもたらしてくれます。

†孫の射精をめぐって、おばあちゃんと大ゲンカ!

ホワイトハンズの活動の中で、知的障害のある自閉症の男性（A君・二〇歳）の射精支援を行ったことがあります。A君は、作業所で他の女性利用者や職員に抱きついたり、通勤中に、女子高生につきまとい行為をするなどの行動が見られました。

A君の父親は、子どもの教育には全くの無関心。A君の母親だけが、そういった息子の性的行動を心配して、ホワイトハンズに相談を持ちかけてきました。どうやら、A君は、射精の意味や自慰行為の方法が分からず、そのために、性的欲求を持て余しているらしいとのこと。自閉症の親の会に相談しても、性の問題に関しては、問題解決のノウハウが無かったそうです。

男性にとって、勃起も射精も、一定の年齢になれば、自然と発生する「生理現象」と考えられています。しかし、厳密に言えば、勃起は、誰からも教わらなくても、反射的に生じる「生理現象」ですが、射精は、そのための方法やマナーをきちんと教わる必要のある「社会的行為」です。前述の通り、男性が、いつ、どのような方法で、どのような対象を用いて射精するか（射精したくなるか）ということは、社会や文化の影響を大きく受けます。

例えば、近年、若い男性の間で、自慰行為では射精できるのだけれども、恋人とのセックスでは射精できないという膣内射精障害が問題になっています。

これは、刺激の強すぎる画像や動画を使って自慰行為をし続けたことによる弊害、あるいは、性器を床や畳の縁、机の角にこすりつけるなどの、間違った方法で自慰行為をし続けたことによる弊害である、と考えられています。

こうした間違った射精の習慣によって、自分や他人を傷つけないためにも、射精教育は必要です。また、全ての男子が、夢精によって自動的に精通を迎えるわけではないので、射精の方法やマナーを理解することのできない障害児の場合、親や支援者が、適切な方法やマナーを教える必要があります。

A君の母親から相談を受けた後、まず、A君が普段世話になっている行政の障害者相談支援センターの担当者に、「彼の問題解決のために、一緒に協力してくれませんか」と相談をしました。しかし、担当者からは、「私は女性なので、男性の性問題には関わりたく無い」と一蹴されました。

A君の通っている作業所に相談しても、「寝た子を起こさないでください」「余計なことをすると、もっと問題行動がひどくなるので、何もしないでください」と言われる始末。結局、地域で協力者が得られなかったので、母親と話し合った上で、A君の普段の行動を観察・分析した上で、A君の自宅で、自慰行為のマナーや方法を教えるための支援を行うことにしました。

しかし、三回目の訪問の際に、突然、A君の祖母が怒鳴りこんできました。「Aは、とても素直で、頭の良い子なの！」「性的な欲求は、全て自分で解消できるので、支援の必要なんて一切無いの。とっとと、出ていってちょうだい！」と、すごい剣幕で、一方的にまくし立てられました。

「いや、そうはいっても、実際に問題行動を起こしているじゃないですか」「このまま放置していても、問題は何も解決しませんよ」と懸命に反論したのですが、結局、彼女の剣幕に負けて家を追い出されてしまい、それ以降、A君の自宅には「出入り禁止」になってしまいました。

序章で述べた通り、今の社会は、「男子が性を語れない社会」「男子に性を語らせない社会」です。男子の性＝射精の問題を、きちんと公の場で議論しようとするだけで、多くの人が、目をつぶり、耳をふさぎ、口をつぐんでしまう。場合によっては、A君の祖母のように、問題の存在自体に耐えられないため、問題そのものを「無かったこと」にしようとしたり、語ろうとする人を「出入り禁止」にしてしまう。

しかし、そんなことを繰り返しているだけでは、A君のような、社会的に弱い立場にある男子に、全てのツケや矛盾が押しつけられるだけで、終わってしまいます。

本書では、特定の誰かを犠牲にしたり、無視したり、抑圧することで解決するスタイルではなく、社会のみんなの力を合わせて解決していくスタイルで、射精をはじめとする男子の性の問題を考えていきます。

それでは、ケアとしての射精、そして、僕たちに、罪悪感ではなく、充実感や爽快感を与えてくれる射精を実現するためには、どのようなツールが必要になるのでしょうか。それについて、次節から考えていきたいと思います。

自慰の手段　射精のために、何を使うべきか。

†そもそも、自慰にオカズを使うのは素人？

僕たちは、自慰行為をする際、性的興奮を高めるための促進剤として、女性の裸体や性交場面を映した画像・動画・文章等の、いわゆる「オカズ」を使用しています。

しかし、ホワイトハンズの射精介助サービスでは、ケアの最中に、利用者の男性に対して、性的な画像や動画を見せることはありません。健常者の人からは、「性的な視覚刺激

＝オカズの無い状態で、射精できるの？」と驚かれるのですが、そもそも、オカズが無いと射精できないこと自体が、現代社会の男子特有の習慣でしかありません。

生まれつき身体の不自由な障害者の場合、そもそも、オカズを見ながら射精するという習慣が無いため、オカズが無くても、手による物理的な刺激だけで、問題なく射精に到達します。

一方、同じくオカズ無しでも射精できる障害者の中には、オカズ以外の、目に見えない「あるもの」を使って、射精に至る人がいます。さて、その「あるもの」とは、一体何なのでしょうか。

実は、そのあるものの活用こそが、これからの僕たちに必要な、自慰行為の新しい処方箋になります。以下、あるものの正体を考えながら、本節を読み進めてください。

✝太古、女性の裸は「風景」であった

そもそも、なぜ、僕たちは女性の裸に惹かれるのでしょうか？　それが男の本能だからという答えは、大間違いです。歴史的に見ると、実は、女性の裸が「価値のあるもの」とみなされるようになったのは、ごく最近の出来事に過ぎません。

江戸時代までの日本人には、そもそも、「裸を隠す」という習慣、「裸になるのは恥ずかしい」という意識自体がありませんでした。公衆浴場は男女混浴が当たり前であり、女性が裸になって道端で水浴びをすることも、当たり前の風景でした。公衆浴場から上がったあと、自宅まで裸のまま歩いて帰る、という人も大勢いたそうです。

また、「胸を隠す」という習慣も無かったため、当時の女性は、上半身裸の状態で仕事をしたり、街頭を歩いたりしていました。当時流行していた春画を見ても、着衣の状態での性交場面が大半であり、女性の胸や裸体そのものに価値を置くような描かれ方は、全くなされていません。

当時の人は、女性の胸や裸体そのものに性的な興奮を覚えるのではなく、性交や覗き見といった場面、性器が露出されている状況、衣服の崩れや髪形といった諸条件との総合的な組み合わせによって、性的な興奮が喚起されていた、と考えられています。

現代の僕たちにとって、女性の裸は、どうしても視覚優位＝目だけで楽しむものになりがちですが、当時は、視覚だけでなく、聴覚、嗅覚、触覚などの総合的な相乗効果によって、性的興奮が喚起されていたと思われます。その意味で、現在の男子の性意識は、視覚へと限定された、貧困なものだと言えるかもしれません。

女性の裸体そのものに価値が置かれるようになったのは、明治以降、西洋化の影響で、政府が裸体風俗を禁止したからです。つまり、お上による裸体禁止の反作用として、あたかも、裸体そのものに価値があるかのようになったのです。

また、明治までは、女性が着物の下にパンツやブラジャーを着用するという習慣はありませんでした。今の言葉で言えば、全ての女性が、ノーパン・ノーブラで日常生活を送っていたわけです。

西洋近代化の過程で、人前で下半身や性器がみだらに露出しないように、政府やマスコミが、女性に対して、パンツの着用を勧める啓蒙運動を行うようになります。

当初、パンツをはくことに対しては、女性から局部を保護するものだとは理解できるが、パンツをはくことで、局部を冒瀆しているようで、逆に恥ずかしいという意見が出されたそうです。

今の僕たちでたとえれば、性器を保護するために、ペニスケースを着用して生活しろと言われているようなものでしょう。確かに、これでは逆に自分の性器を意識してしまい、恥ずかしいですね。

女性からの抵抗はあったものの、一九二三年に発生した関東大震災の際、女性の和服が、逃げる時に不便であること、恥ずかしい格好をさらすことになることが改めて議論され、女性がパンツをはく習慣は、徐々に浸透していきます。

それに比例して、人前で下半身や性器を露出することは恥ずかしいことである、という意識も広まっていきます。つまり、「性器を見せるのが恥ずかしいから、パンツをはくようになった」のではなく、「パンツをはくようになったから、性器を見せるのが恥ずかしくなった」のです。パンツが先で、羞恥心は後、です。

また、ブラジャーに関しては、戦後に欧米風のファッションが普及していく中で、女性たちが自ら進んで、バストを美しく見せる目的で着用するようになります。そして、ブラジャーの普及に伴って、隠された女性の胸に対する男性の性的興味も、増していきます。

ここにおいても、「女性の胸に性的価値があるから、ブラジャーで隠すようになった」のではなく、「ブラジャーで隠すようになったから、女性の胸に性的価値が出るようになった」のです。ブラジャーが先で、性的価値は後、です。

†裸とヌードの違い

こういった裸体価値の歴史を知ると、裸そのものに、本質的な価値や魅力は無いということが分かります。そう考えると、実は、自然の女性の裸体（naked）そのものに興奮しているのではなく、女性の裸体に、様々な記号的・社会的な意味づけが施された、人工的なヌード（nude）を見て興奮しているのです。

例えば、僕たちは、駅前や役所の前におかれている裸婦の銅像を見ても、（たとえ、それがどれほど美しい作品であったとしても）性的な興奮を覚えることは、ほとんどないでしょう。

保健体育の教科書に載っている、裸の女性のイラストを見ても、それほど興奮はしないはずです。若い女性が、人前で乳房を露出していても、それが乳児に授乳している姿であれば、多くの男性は、あまり興奮しないでしょう。

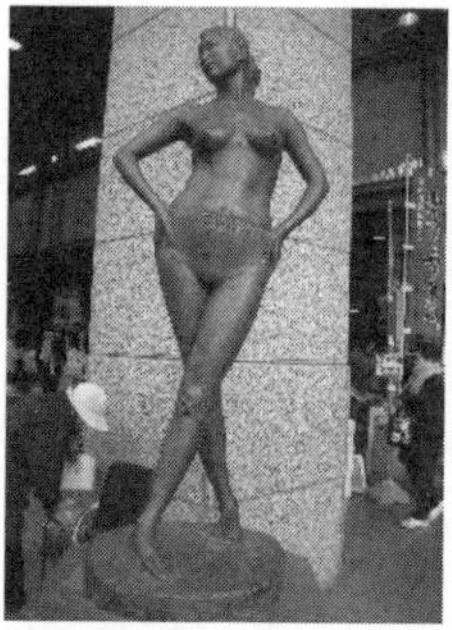

佐藤忠良「ジーンズ」杉並区役所前

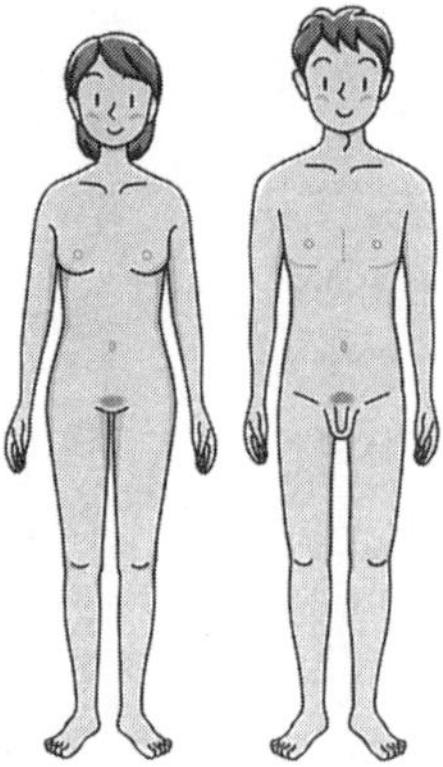

保健体育のイラスト
出典：『新しい保健体育』（東京書籍）

つまり、それらは、ヌードではなく、単なる裸体だからです。僕たちの性的欲求を喚起する記号が排除され、純粋な裸体だけが提示されているので、美的な観点からの魅力は感じても、性的な魅力を感じることは少ないのです。

一方、雑誌のグラビアやアダルトDVDに出ている女性の裸は、男性の性的好奇心をそそるようなアングル、コスチューム、シチュエーション、目線で撮影されています。これがヌードです。ヌードの状態の女性は、裸の状態と同じく、何も服は着ていませんが、男性を性的に興奮させるための様々な記号で装っています。

僕たちが、日々ネットや雑誌、DVDといったメディアを通して見ている女性の裸体は、ほとんど全てが、裸体とは全く異なる存在であることを、まず理解してください。

†「記憶に残るヌード」「残らないヌード」の違いとは?

思春期から今日に至るまで、僕たちは、数えきれないほどのヌードを見てきたはずです。その中で、あなたが今でも記憶に残っているヌードはあるでしょうか? もしあるとすれば、「記憶に残るヌード」「残らないヌード」の違いは、一体何で決まるのでしょうか。

アメリカに、古今東西のありとあらゆる映画・テレビ番組内(いずれもポルノ系を除く)

での女優のヌード画像・動画を集めた、巨大な有料情報サイトがあります。そのサイトでは、クラシック・ヌードランキング＝過去数十年間で評価の高かった女優のヌードランキングが掲載されています。

そのランキングで、並み居る有名ハリウッド女優を抑えて、常に上位に食い込んでいるのが、一九八〇年代初頭に人気のあった、フィービー・ケイツというアイドル女優です。アイドルにもかかわらず、一〇代後半での映画デビュー作『パラダイス』、その次の出演作『初体験／リッジモント・ハイ』で、立て続けに美しいヌードを披露し、当時の若者に強烈な衝撃を与えました。

彼女自身は、結婚後、育児に専念するために女優業から引退していますが、女優としての活動期間は長くないにもかかわらず、そのヌードシーンは、三〇年以上経った今でも、忘れられずに語り草になっています。

つまり、単なる女性の裸体が、「記憶に残るヌード」に変貌を遂げるためには、社会的な前提が必要になります。八〇年代初頭という、現代に比べて、女性がヌードになることの社会的インパクトが圧倒的に強かった時代だったことも、フィービー・ケイツのヌードが語り継がれる理由でしょう。

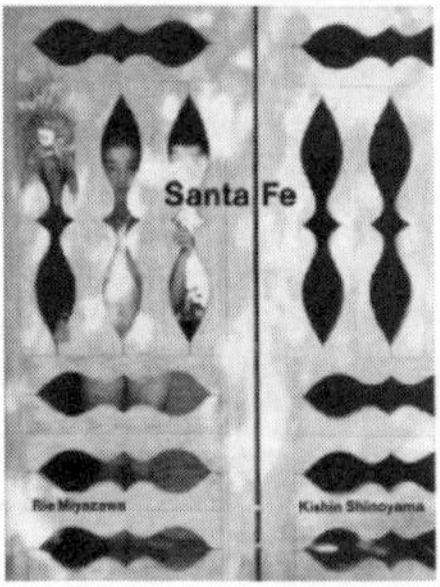

宮沢りえ『Santa Fe』

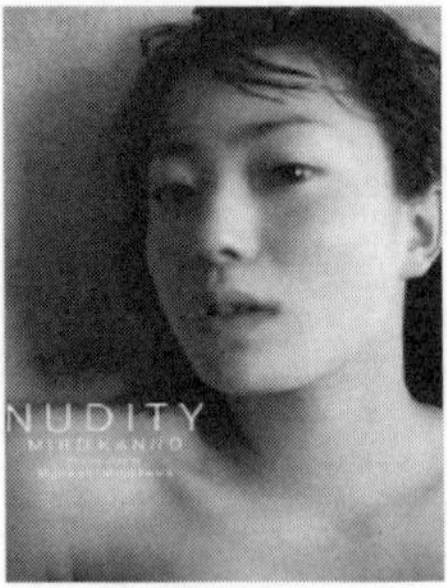

菅野美穂『NUDITY』

日本では、一九九一年に、女優の宮沢りえさんが、人気絶頂の一八歳の時に、ヌード写真集を発表し、芸能人写真集売上の最高記録となる、一五五万部を売り上げました。一九九七年には、女優の菅野美穂さんが、二〇歳の誕生日にヘアヌード写真集を発売し、大きな話題を呼びました。

いずれも、第一線で活躍している人気女優が、予想外のタイミングでヌードになったことで、話題を集めました。また、九〇年代が、ヘアヌードの解禁に伴う、女優のヘアヌード・ブームの時代だったことも、その要因です。

ヌードになることが話題になる時代に、一流の女優が、誰も予想していなかった時期・場面で脱ぐことで、記憶に残るヌードになるのです。女優が二流、三流であれば、瞬間的に話題にはなっても、記憶に残るヌードにはならないはずですし、ヌードになることが話題にならない時代、女優としての評価を下げる時代であれば、同じく記憶に残るヌードにはなり得ません。

すなわち、女性の裸体を、「美しいヌード」として、社会の中で輝かせるためには、「女優としての人気と実績」「意外性」「時代性」といった前提が必要になります。言い換えれば、そもそもヌード自体が話題にならない時代に裸になっても、記憶に残るヌードにはなり得ず、本人の社会的評価を下げるだけで終わってしまいます。

その意味で、ヌードになれる女性、ヌードになることによって社会的評価を高められる女性（時代）は、一流の女優を含め、ほんの一握り（一瞬）です。それ以外の人（それ以外の時代）は、本来であれば、決してヌードになるべきではないのです。

✝現在、世の中に溢れている裸は、ジャンクフードならぬ「ジャンクヌード」である

そうした観点から考えると、現代は、ヌード受難の時代、ヌードになることによって社会的評価を高めることが難しい時代です。「タブー破り」のヘアヌードがもてはやされるのは、解禁されてからほんの短い期間で、それ以降は、女優のヘアヌードが大きな話題や売上につながることは、少なくなりました。

一九九六年に発売されたglobeの曲「Is this love」では、「今はすべて肌を見せたって世界は驚かない　刺激に慣れすぎてから　随分たってる」と歌われています。

また、二〇〇〇年代に入り、インターネットの普及に伴って、個人が一生かかっても観きれないような、天文学的な数のポルノ画像・動画が、無料で流通するようになり、ヌードの商品価値は、ほとんどゼロにまで低下しました。

ライターの中村淳彦さんの著作『職業としてのAV女優』『デフレ化するセックス』（二〇一二年）には、AVや性風俗の世界で、女性が供給過剰になり、裸になっても仕事が無い、という現実が、リアルに描かれています。

結果として、飽食ならぬ「飽色」＝色欲に飽きた現代には、ジャンクフードならぬ「ジャンクヌード」が溢れかえっています。ジャンクヌードとは、社会性が無く、撮影後に使い捨てられる女性がたくさん出る、誰の記憶にも残らないヌードを指します。「巨乳」「素人」「初脱ぎ」といったベタベタの記号が過剰に付与されているのも、大きな特徴です。

あなたがその女性のヌードを見れば見るほど、その女性のヌードにお金を払えば払うほど、その女性のヌードの価値、そして女性本人の社会的評価は低下していきます。予め女性を廃棄することを前提にして回っているビジネスモデルが、そこにはあります。

そういった現状を、「娯楽」として能天気に楽しめるのは、無神経なオヤジ、もしくは未熟なコドモだけです。社会的弱者の女性の裸で「抜く」ことの是非が、今問われています。

つまり、現在世の中に流通しているヌードの大半はジャンクヌードであり、「心身のケア」を目的とした射精のツールとしては、全く望ましいものではありません。

†まず、生身の女性の裸を、きちんと見よう

記号にまみれたジャンクヌードの世界から卒業するための方法は、極めて単純です。答えは、生身の女性の裸体を、時間をかけて、きちんと見ること。これしかありません。

障害のある男性の中には、四〇代を過ぎても、女性の裸は、自分の母親の裸しか見たことがない、という人が、かなりの割合存在します。障害のある男性だけではなく、健常者の男性にも、こういう人は少なくないはずです。

現代社会では、若い世代の男子が、生身の女性の裸体をきちんと見ることのできる機会は、非常に少ないのが現状です。かつては、ストリップ劇場が大衆娯楽として存在していましたが、今は完全に廃れています。

「ららあーと」開催風景

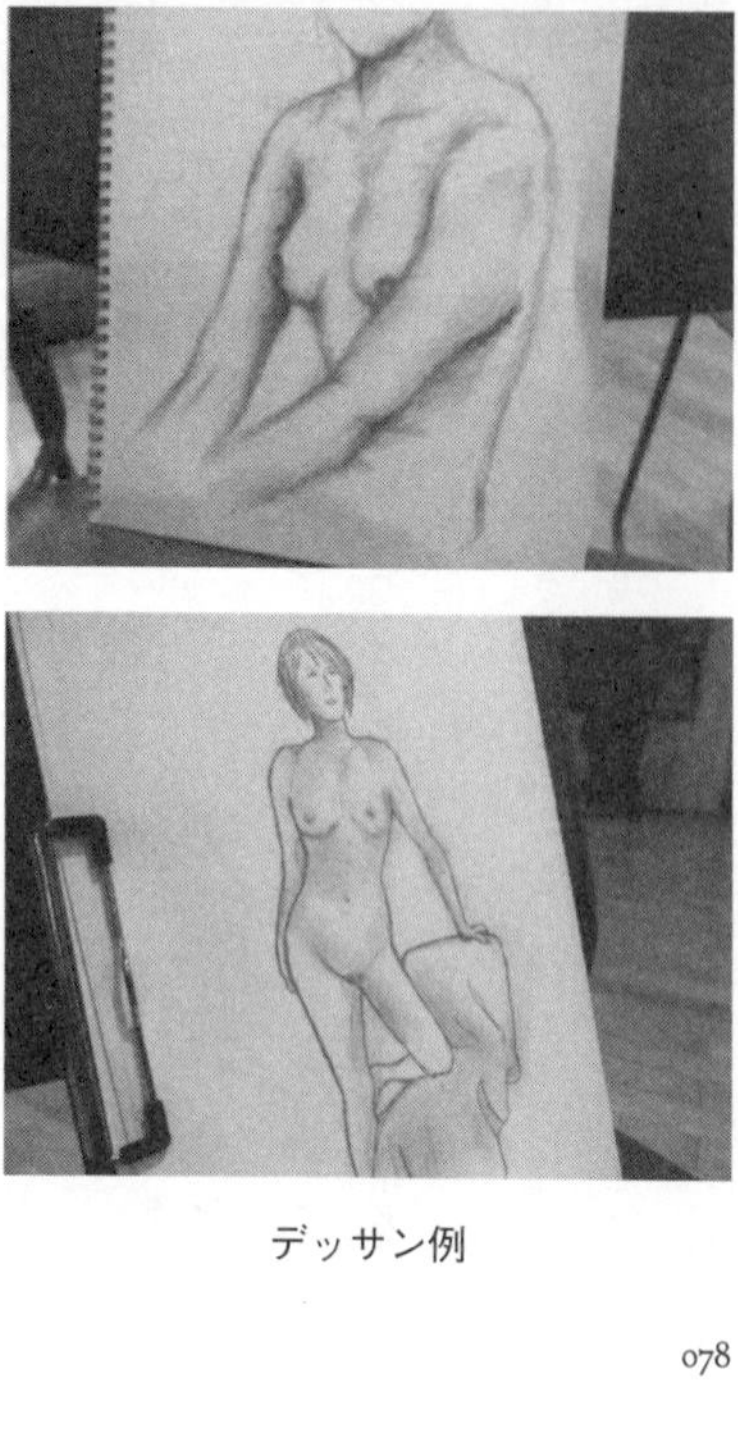

デッサン例

そんな中で、若い男子でも抵抗なく参加でき、かつ、性的な匂いのほとんどしない、ほぼ唯一のイベントが、裸婦デッサン会です。裸婦デッサン会とは、裸の女性モデルのデッサン（素描）をすることを通して、デッサン力を身につけるための講座です。全国のカルチャーセンターや自主サークルで開催されており、美術愛好家や、美術系の学生がメインの参加者ですが、基本的には、一回数千円程度の低額の参加料金で、誰でも自由に参加することができます。

ホワイトハンズでも、東京都内にて、定期的に、初心者の・初心者による・初心者のための、バリアフリーのヌードデッサン会「ららあーと」を開催しています。学校の図工の時間以来、鉛筆を握ったことが無い人から、身体や精神に障害のある人まで、毎回、多くの初心者の方に参加して頂いています。

裸婦デッサン会では、一五〜二〇分を一コマとして、目の前にいる裸の女性モデルを観察しながら、スケッチブックにデッサンを行います。「裸婦デッサン」というと、どうしても性的なイメージが湧いてしまうと思いますが、実際にモデルを目の前にしてデッサンを描きはじめると、性的な感情はほとんど湧いてこなくなり、冷静かつ客観的に、女性の裸を観察できるようになります。

生身の女性モデルのデッサンを行うと、女性の裸に対する見方が変わります。まず、グラビアやAVに出てくるようなスタイルの女性なんて、どこにもいない、という当たり前のことが理解できるようになります。商品化されているヌードは、日本人女性の平均的なスリーサイズとはかけ離れた、特殊なファンタジーに過ぎない、ということが理解できるはずです。

そして、一人一人の裸体に、それぞれの個性と魅力がある、ということが分かります。こうした発見を通して、女性の裸体を「モノ」「記号」としてではなく、「血の通った生命」としてとらえることができます。

この姿勢は、その後、あなたが女性との恋愛やセックス、結婚へと進んでいく上での、極めて重要な第一歩になるでしょう。

†「ジャンクヌード」から「手作りのヌード」へ

「AVを見るのをやめて、まず裸婦デッサンをしろ」というと、多くの人は、「いきなりデッサンなんて、敷居が高すぎる」「たかがヌードを見るために、そんな面倒臭いことはできないよ」と思われるかもしれません。

その背景には、女性のヌードは、思い立った時に余計なことを何も考えずに手軽に味わえる、ジャンクフードのようなものであるべき、という認識があります。

僕たちの社会は、「セックスについて、深く考えたくない社会」です。セックスについてあれこれ語ったり、考えたりすることは、野暮なことであり、セックスの魅力や神秘性を壊すことだと考えられています。性教育や、セックスに関するマニュアル本が、有難がられつつも敬遠される背景には、こうした社会意識があります。

しかし、スポーツや勉強と同様に、性の世界も、きちんと時間と労力を投資しなければ、リターンを得ることはできません。ヌードだけでなく、恋愛、セックス、結婚、全てそうです。インスタントに楽しめるものは、所詮、インスタントな快楽しか得られません。

裸体に価値を付与するためには、「物語」「文化」といった文脈が必要不可欠になります。ここで、あなたの子ども時代の記憶に残っている、マンガやアニメのヌードシーンを思い出してみてください。

二〇〜三〇代の男性ならば、「ドラゴンボール」のブルマ、「北斗の拳」のマミヤ、「ダイの大冒険」のマアムやレオナ、「新世紀エヴァンゲリオン」の綾波レイ、「ワンピース」のナミらのヌードが、記憶に残っているのではないでしょうか。

いずれも、長年語り継がれている名作であり、少年時代という、女性の裸にアクセスできる機会が圧倒的に少ない環境の中で、胸をドキドキさせながら読んだ、思い出深いシーンがあるはずです。振り返ってみれば、今のネットに溢れている無修正のどぎついアダルト動画よりも、そうしたマンガやアニメのキャラの、ソフトなセミヌードの方が、よっぽどドキドキしたのではないでしょうか？

あるヌードから、どれだけ豊かな効用を引き出せるかは、物語や文化などの文脈を含め、これまでに僕たちが蓄積した知識、経験、記憶のかけ算によって決まります。

夜空を見上げた時に、何の前提知識も無ければ、そこは、ただの暗闇にしか見えません。しかし、天体観察に関する知識と経験、そしてギリシア神話という文脈の理解があれば、暗闇の中で、一つ一つの星が意味を持ってつながり、ロマンティックな物語を持った星座の数々を見ることができます。

つまり、ヌードも、夜空の星座のように、ある程度、物語や文化といった文脈を理解する時間、そして、知識や経験を身につける努力を経由しなければ、その豊かさを楽しめないのです。

おそらく、本書を読んでいるあなたは、ネットや雑誌で、どんなに美しい女優やモデルのヌードを見ても、ほとんど、何の感動も興奮も感じない状態にあると思います。場合によっては、二〇~三〇代の若さで、既に、自慰行為への意欲自体が無くなっている人もいるでしょう。これは、ジャンクヌードを消費し続けたことによって生じる、「性活習慣病」です。

心身のケアを目的とした射精の手段として使用すべきは、ネットや雑誌で手軽に手に入るジャンクヌードではなく、生身の人間関係や文化の中で、自分の知恵と労力、時間を投資して、計画的につくりあげる「手作り」のヌードであるべきです。

手作りのヌードの記憶は、それだけで、一生の財産になります。過去に付き合った女性の裸を想起するだけで、もう十分に、何度でも射精ができるから、AVにも風俗にもお世話にならなくてよいという悟りの境地（エコ！）に至ることもあります。

射精介助の利用者でも、ケア中に、手作りのヌードの記憶＝昔付き合っていた女性たちとの恋愛遍歴や性体験を想起することで射精に至る、六〇代の男性障害者の方がいました。そう、本節冒頭のクイズの答えが、ここにあります。オカズ無しでも射精できる人は、果たして何を使って射精しているかというと、正解は、「過去の記憶」です。

†「記憶の奴隷」から「記憶の主人」へ

九〇年代に一世を風靡したロックバンド・イエローモンキーの歌「BURN」の中に、「思い出だけが性感帯」という言葉がありますが、「記号」と並んで、男子のセックスを語る上で外せない要素は、過去の「記憶」です。

僕たちの性的嗜好や性行動は、過去の記憶に、大きく左右されます。マンガやアニメ、

ＡＶや性風俗をはじめ、思春期～二〇歳前後に耽溺していた性的なメディアやサービスに、三〇代、四〇代を過ぎても、そのままハマり続ける人は少なくありません。中学・高校時代に片思いしていた女子のことを、社会人になった今でも、未だにどこかで引きずっている人もいるはずです。

性産業のマーケットで、「ＪＫ（女子高生）」「制服」という記号がこれだけ商品価値を持つのも、多くの男子が、高校時代に、クラスの女子に対して、性的な妄想を抱えていた記憶を持っているからでしょう。

過去の記憶を想起させてくれる記号や性的対象に対してお金を払い、過去の記憶の力で勃起し、射精する。その意味で、僕たちの下半身は、「記号と記憶の奴隷」といっても、過言ではないのかもしれません。

過去の性体験の記憶は、僕たちの性行動を長期にわたって支配する「負債」にもなりますが、一方で、僕たちの性生活に、長期にわたって「利息」をもたらしてくれる「資産」にもなります。そのため、本書では、「記憶の奴隷」になるのではなく、「記憶の主人」になること＝自らの記憶を資産として活用する意識を持つことを提唱します。

アメリカの富裕層の研究者によると、多くの金融資産・不動産を保有している富裕層は、娯楽に関して、海外旅行やブランド物の購入よりも、子どもの運動会を観戦する、親友と自宅でサンドイッチを食べながらカードゲームを楽しむ等の、身近な人間関係に基づいた、お金のかからない娯楽にいそしむことが圧倒的に多いそうです。

自慰行為に関しても、「安物買いの銭失い」＝「素人」「新人」「巨乳」等の記号を売りにした商品を追い求めてお金を浪費するよりも、「高くても、良いものを長く使う」＝質の高い作品や物語、過去の濃厚な性体験の記憶を「元本」とした上で、その「利息」を活用する方が、はるかに経済的です。

いくら、安っぽいジャンクヌードの記号消費を繰り返したところで、「元本」は決して貯まらず、「利息」も得ることはできません。

それでは以下、僕たちが、生身の異性との人間関係の中で、長期的に「利息」を得ることができるような「元本」＝豊かな性体験の記憶をストックしていくための処方箋を、順を追って紹介していきましょう。

童貞　セックスできないのではなく、する意欲が湧かない？

あなたは、童貞を卒業するための「学校」があることを、ご存知でしょうか。

二〇一三年に、ホワイトハンズでは、ヴァージン（童貞・処女）の卒業を目指す人のための通信講座「ヴァージン・アカデミア」を立ち上げました。この講座を受講する人は、二〇代後半～三〇代前半の男性が中心です。

一一月には、明治大学文学部にて、「明大生と、これからのヴァージンの話をしよう！」と題して、約百名の学生に向けて、ヴァージンの現状と歴史、卒業方法をレクチャーする特別講義を行いました。

世間一般では、童貞というと、「コミュニケーション・スキルの無い、ダサいオタク」あるいは「セックスパートナーを見つけられない、可哀そうな人」といった表面的な視点のみで捉えられ、差別や同情の対象になりがちです。

しかし、実際にヴァージン・アカデミアを受講される男性とやりとりをすると、そういったイメージは、必ずしも事実ではないことが分かります。皆、人並み以上の容姿と学歴、きちんとした仕事を持ち、それほど苦労せずに、異性とのコミュニケーションができる人が多いのです。

童貞というと、どうしても、性体験が無いことをコンプレックスに感じている男子、女性とのセックスを夢見て、常に性的な妄想で頭がいっぱいの男子という、何やら不幸そうなイメージがあります。しかし、実際は、セックスパートナーがいなくても、必ずしもそれが本人にとって深刻なコンプレックスになっているわけではなく、特に性的な欲求不満も無ければ、現状に対する満足度も高い、という「幸せな童貞」も少なくありません。

ヴァージン・アカデミアの様子

ただ、そういった「幸せな童貞」の中にも、性的な欲求不満や、現状に対する不満が無いにもかかわらず、将来自分がぶつかるであろう「ある不安」に駆られて、ヴァージン・アカデミアの門を叩く人がいます。

実は、童貞問題の背景には、単なる「モテ／非モテ」＝容姿の優劣やコミュニケーション・スキルの有無、性的欲求不満の有無を超えた、より手強い、巨大な難敵＝「モンスター」が潜んでいます。

そして、その「モンスター」を倒せるか否かは、童貞を卒業できるか否かだけではなく、僕たちが、童貞卒業後に、恋愛やセックス、結婚を通して、豊かな性生活を送れるか否かにも、極めて大きな影響を与えます。

このことを踏まえた上で、以下、童貞を理解・卒業するための方法を考えていきましょう。

†童貞問題の現状① 童貞であることが「個人化」されている社会

童貞卒業に関する問題は、これまで、主として、純文学や小説、マンガなどの作品内や、それらの作品を論評する文芸批評の場で、語られてきました。

今でも、サブカルやお笑いの世界では、童貞であることが、ネタとして取り上げられています。例えば、「童貞を三〇歳まで守ると、魔法が使えるようになる」「三五歳の童貞は、軍隊で言えば大佐レベル」云々。

青年誌の人生相談コーナーでも、童貞卒業の時期や方法、悩みに関する相談は、度々取り上げられています。その多くは、サブカル業界の作家や文化人が、自分や読者の体験を織り交ぜつつ、相談者に対して、からかいや説教を交えながら、面白おかしく童貞卒業を指南する、というワンパターンなものです。

童貞であることが、文学やお笑いのネタにされる、精神論で語られる、ということは、それが「個人の問題（個人の性格や容姿、勇気や度胸、根性の問題）」として考えられているからです。個人の問題であるがゆえに、男性の初体験に関する社会的な教育や支援は、射精と同様、ほぼ皆無です。

しかし、少子高齢化の進む中、未婚化や晩婚化の問題と同様に、童貞の問題は、「個人の問題」ではなく、「社会の問題」です。射精や自慰と同様、童貞の問題を「個人の問題」と矮小化してしまうことで、様々な問題が見えなくなります。

映画「童貞放浪記」

松江哲明「童貞の教室」

童貞男子に対する社会的支援の欠如が、恋愛や結婚に動機づけられない男性や、セックスをお金で売り買いする買春男性を量産している、という見方もできるでしょう。

本書では、童貞に関する問題を、揶揄（からかい）の対象としてネタ化したり、おせっかいな根性論や精神論で語ることはしません。真に問題化するべきは、童貞そのものではなく、童貞であることを「個人の問題」としてネタ化しようとする、僕たちの社会そのものなのです。

†現状② 今の社会は、歴史上、もっとも簡単に童貞を卒業できる社会

童貞の問題が個人化されている一方、僕たちの生きている今の社会は、歴史上、もっとも簡単に童貞を卒業できる社会でもあります。

まず、童貞と処女（以下、まとめてヴァージンと表記）に関する、基本的な統計データを確認しましょう。二〇一〇年に、社団法人日本家族計画協会によって行われた「第五回男女の生活と意識に関する調査報告書」によれば、これまでのセックス経験の有無は、性別・年齢別にみると、次ページのグラフの通りです。

一〇代後半（一六～一九歳）の段階でのセックス経験率は、男性二四・六％、女性二

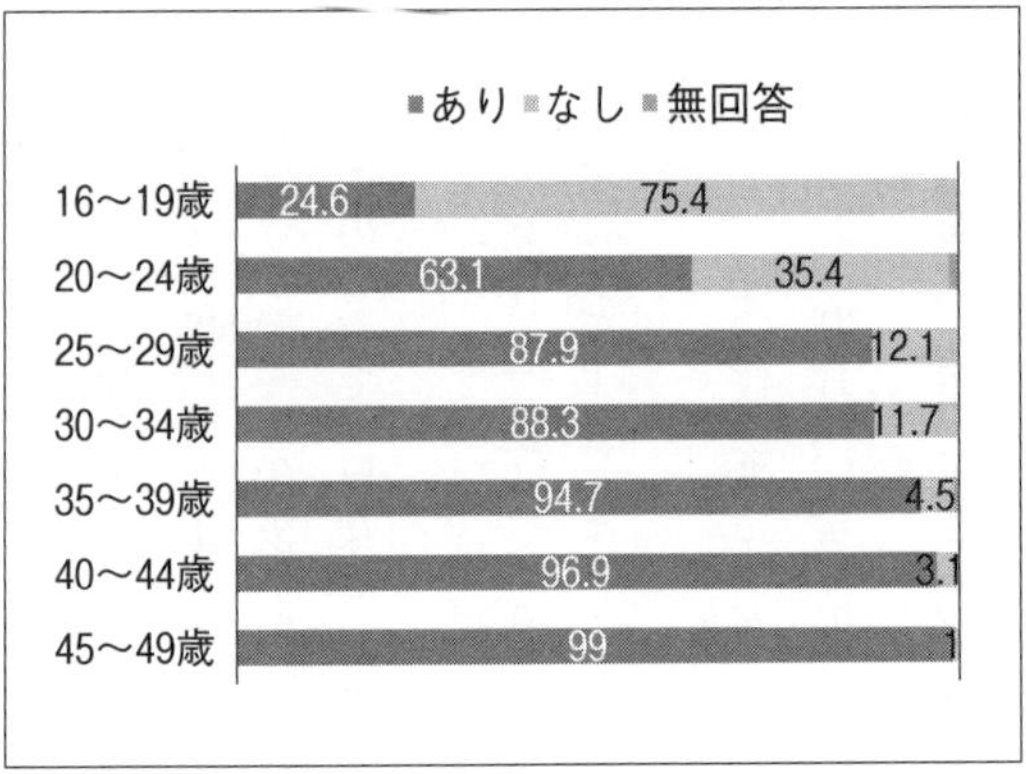

これまでのセックス経験の有無（男性・年齢別）（%）

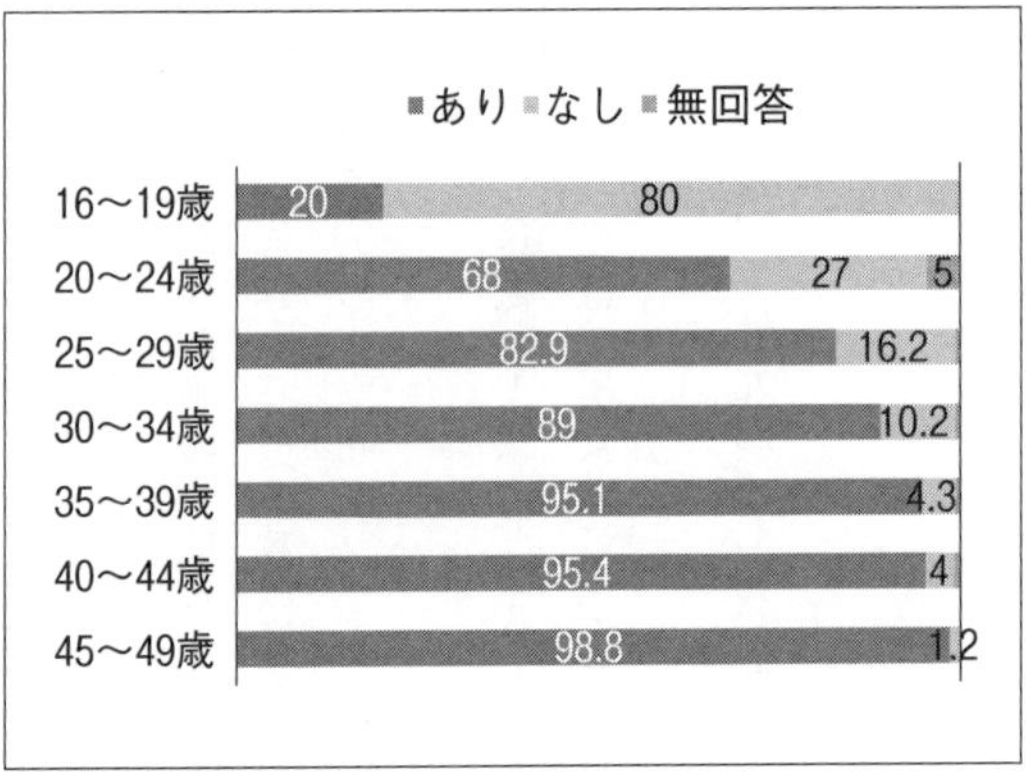

これまでのセックス経験の有無（女性・年齢別）（%）

出典：「第５回　男女の生活と意識に関する調査報告書」（2010年：社団法人日本家族計画協会）

〇・〇％です。すなわち、一〇代後半の時点では、男女ともに、全体の約八割は、ヴァージンであることが読み取れます。

しかし、二〇代前半（二〇〜二四歳）になると、セックス経験率は、男性六三・一％、女性六八・〇％に跳ね上がります。多くの人が、二〇代前半の時期に、ヴァージンを卒業するわけです。一〇代後半の時点では、圧倒的マジョリティ（多数派）であったヴァージンが、この時点で、男女ともに、全体の約三割前後のマイノリティ（少数派）に転落します。

二〇代後半（二五〜二九歳）になると、セックス経験率は、男性八七・九％、女性八二・九％にまで上昇します。この時点で、ヴァージンは、男女共に、全体の二割以下になります。

そして、三〇代後半（三五〜三九歳）の段階では、男性九四・七％、女性九五・一％と、ヴァージンの割合は、全体の五％前後になります。

†初体験の相手と、出会ってからセックスに至るまでの交際期間

ヴァージンの人は、異性と交際を始めてから、初体験に至るまで、どのくらいの期間、

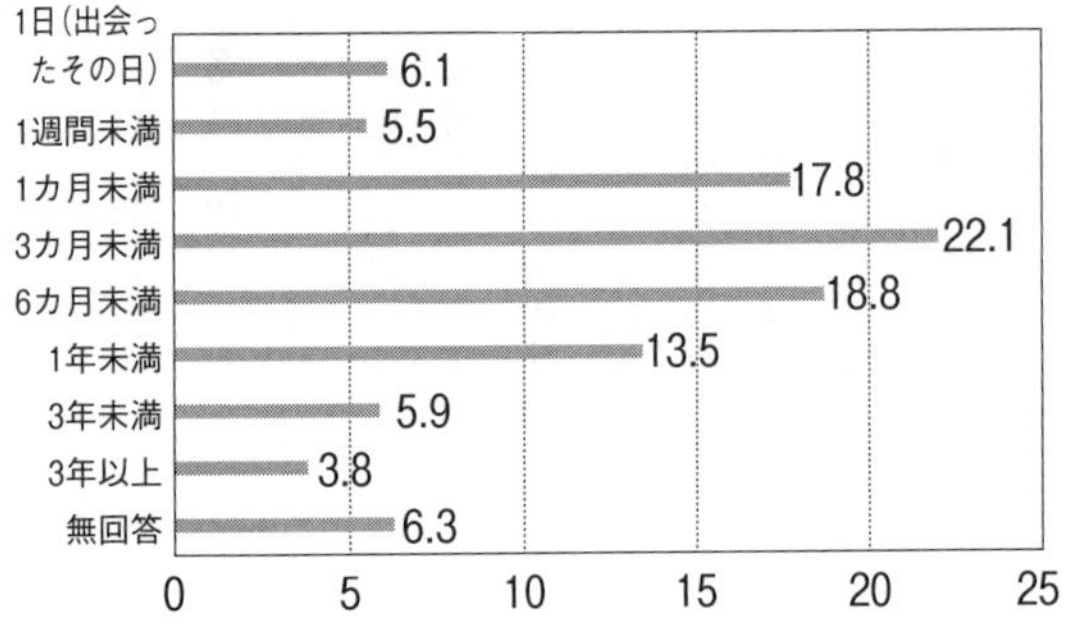

初めてセックスをした相手とのセックスをするまでの交際期間（%）

出典：「第5回　男女の生活と意識に関する調査報告書」（2010年：社団法人日本家族計画協会）

交際をしているのでしょうか。最も多い割合は、「三カ月未満」（二二・一%）で、次いで「六カ月未満」（一八・八%）、「一カ月未満」（一七・八%）、「一年未満」（一三・五%）が続きます。

平均してみると、ヴァージンの人が、パートナーと初体験に至るまでは、おおむね、三～六カ月前後の交際期間を経ることが多いようです。長くもなく、短くもなく、それなりに妥当な期間ではないでしょうか。

つまり、良いパートナーとの出会いさえあれば、多くの人は、三～六カ月程度で、ヴァージンを自然な形で卒業できる、ということです。

詳しくは、次節の【恋愛】でも紹介しますが、パートナー探し＝出会いのためのインフラは、昔に比べて、圧倒的に充実し、利用しやすくなっています。

すなわち、コミュニケーション・スキルを向上させるための修行や自己改造をしたり、恐怖感や罪悪感を押し殺して性風俗に行ったり、路上ナンパや合コン、パーティ等で不特定多数の異性に声をかけるという苦行に挑戦しなくても、サークルや趣味の講座、市民活動やボランティア、街コンや婚活サイトなどの、既に出来上がっている地域の出会いのレールの上に乗っかって、常識的な範囲のお金を投資して、真面目に頑張るだけで、ほとんどの男子が、半自動的に童貞を卒業できる世界が、既に実現しているのです。

さらに、現代社会は、きちんと意識して行動すれば、容姿や年齢、障害の有無に関わらず、ほとんどの人がセックスできる、極めて幸せな時代です。前述の統計データを見ても、童貞を卒業するための社会的支援が皆無であるにもかかわらず、三〇歳になるまでに、男性の九割以上は、童貞を卒業しています。

現代の日本では、セックスの妨げになるような宗教的規範、身分の差や階級が、ほとんど存在しません。もちろん、各家庭の経済力の格差はありますが、「あの人は労働者階級だから、付き合ってはいけません」というように、経済格差そのものが、露骨な交際拒否につながることは、多くありません。

戦後以降、自由恋愛の考えが普及した結果、婚前交渉（＝結婚前にセックスをすること）へのタブー視も、ほぼ無くなりました。かつて「できちゃった結婚」とネガティヴなイメージがつきまとっていた妊娠判明後の結婚も、近年では「授かり婚」「オメデタ婚」といった、ポジティヴなイメージの言葉に変わりつつあります。

また、仮に、カップルのどちらかに障害があっても、（結婚はさておき、恋愛の段階では）お互いの合意があればＯＫ、となりやすい、というアドバンテージもあります。厚生労働省の調査では、外来の精神障害者の三〜四割、在宅の身体障害者の六割は、既婚者です。

つまり、昔に比べれば、男女交際に関しては、随分と風通しの良い時代になっています。交際開始からセックスに至るまでのハードルも、かつてないほどまで下がっています。繰り返しますが、現代は、基本的な価値観と行動原則を学べば、誰でも、高確率で童貞を卒業できる時代です。

ここで、一つの疑問が生じます。歴史上、もっとも簡単に童貞を卒業できる＝童貞卒業のためのインフラがほぼ完全に整っているにも関わらず、なぜ、今の社会では、童貞がここまで問題化されるのでしょうか？　なぜ、童貞であることについて悩む人が、これほど多いのでしょうか？

その背景には、メディアにおいて非モテや童貞を煽って、センセーショナルに問題化した方が売れるという商業主義的な理由もありますが、最も根本的な問題は、「出会いの機会が無い」のではなく、「セックスへの動機付けそのものが無い」ことにあります。

そう、今の時代の男子を悩ませているのは、生身の女性とセックスをしたいという動機自体が十分に湧き上がらないこと、そして、特定の女性に対して、どうしても、この人とセックスがしたいという情熱を抱けないことです。

あるのは、「しなければならない」という焦燥感や、「しないと、男としてダメな気がする」といった劣等感だけ。いずれも、童貞を批判的に捉える同性の眼差し、世間の眼差しを内面化することで生じた感情であり、そこに、本来いるべき女性の姿はありません。

ヴァージン・アカデミア受講生の男性も、皆、容姿やコミュニケーション・スキルなどの、異性と恋愛をするための条件は、人並みか、それ以上に整っている場合が多いです。にもかかわらず、「したい」という動機自体が十分に湧かないため、あるいは、コストやリスクを負ってまでも「したい」と思える特定の相手がいないため、行動できない。

「したい」という動機付けの無い状態、そして「したい」と思える相手が周りにいない状態で、「しなければならない」という焦燥感や劣等感だけに駆られて行動しても、なかなか結果は出ません。

それでは、なぜ、僕たちは、かくもセックスへの動機づけを失ってしまっているのでしょうか？　それを分析するために、童貞の歴史を振り返ってみましょう。

†童貞卒業の歴史――昔の共同体には、「若者の初体験を、みんなで支える仕組み」があった

明治以前の村落共同体（分かりやすく言えば「村」です）では、若者が、何歳の時に、いつ、どこで、誰と初体験をするべきなのかが、共同体のオキテの中で、しっかりと決められていました。

当時は、男性が、夜中に女性の寝ている家に忍び込んでセックスをする「夜這い」と呼ばれる習慣がありました。驚くべきことに、この夜這いは、「する側」「される側」、そして「する側の親」「される側の親」、さらには「共同体の成員」にとって、当たり前の習慣だったのです。

数え年で一五歳前後になると、男子は「若衆宿」、女子は「娘仲間」という、それぞれ一五〜二五歳程度の未婚者で構成される若者の組織に加入します。男子の性生活＝夜這い

は、この若衆宿への参加と共にはじまります。

初めてのセックスの相手は、くじ引きで決められ、主に同じ地域に住んでいる後家さん（夫と死別し、再婚せずに暮らしている女性）になることが多かったようです。若者の「筆おろし」＝初体験への協力をすることが、女性にとっての厄落としになる、という意識もありました。

†システム化された「初体験」

若衆入りの際に、後家さんと行う初体験は、お寺の御堂など、仏様の前で行われます。初体験は、半ば宗教的、土着信仰的な儀式としての意味合いも持たされており、行為の前に、昔からその土地に伝わる歌や、般若心経を朗詠することもあったそうです。

いままでそれほど縁があったわけでもない男女、場合によっては、ほぼ初対面の男女が、仏様の前とはいえ、いきなり裸になって抱き合うわけなので、当然、お互いに緊張して、場がもたなくなることが予想されます。

そのために、お互いが予め決められた台詞を読み合う、「問答」という儀式が採用されていました。有名な問答として、以下の「柿の木問答」があります。

男「あんたのところに、柿の木はあるか」
女「はい、あります」
男「よう実がなりますか」
女「はい、なります」
男「私が登って、ちぎってもよろしいか」
女「はい、どうぞ、ちぎってください」
男「そんなら、ちぎらせてもらいます」

古文が得意だった人は分かると思いますが、「ちぎる」と「契る（＝性交をする）」をかけているわけです。これは、「床入り問答」とも呼ばれています。

この夜這い制度は、必ずしも自分の好きな相手とできるというわけではなく、共同体の中での力関係や立場によって、身分相応の相手とマッチングされるようになっていたようです。年頃になった娘や息子のために、父母や姉兄が、信頼できる知人に、夜這いを依頼することもありました。

若い男女が、きちんとセックスのできる身体＝子どもを産み育てられる身体になることは、共同体の存続（跡取りや労働力の確保）にとって、最も重要な問題です。そのため、昔の農村や漁村では、初体験はきちんとシステム化され、誰でも一定の年齢になれば、異性とセックスをする（しなければならない！）環境がありました。

こうした風習があったため、昔の村落共同体では、そもそも「童貞」「処女」という概念自体が、存在しませんでした。「貞操」や「操」という言葉はありましたが、これらは、同時に複数の相手と性交することを戒める意味で使用されていた言葉であり、性体験の有無を問う言葉ではありませんでした。その意味で、「童貞」や「処女」は、明治時代に発明された、歴史の浅い概念にすぎません。

†近代化に伴う「初体験システム」の禁止

この夜這いによる初体験のシステムは、明治以降の西洋近代化による村落共同体崩壊の流れに伴って、徐々に減少していきます。明治政府は、夜這いのような野蛮な風習が残っていることは好ましくないと、夜這いを取り締まりました。

政府が夜這いを取り締まろうとした時、村の若者たちは、もし夜這いが無くなってしまったら、一体どうやって結婚相手を見つければよいのか、分からなくなってしまうと主張して、反対したそうです。

しかし、政府による取り締まりに加え、都市化の流れにしたがって、多くの若者が都会に働きに出るようになったため、若宿衆や娘仲間自体が成立しなくなってしまい、夜這いの慣習も廃れていきます。

夜這いの風習は、高度経済成長期の前までは、一部の農村や漁村に残っていたとされていますが、現在では、民俗学の文献の中でしか知ることのできない、過去の風習になっています。

†新たな「初体験システム」＝「見合い結婚」の登場

明治以降、西洋に習った一夫一婦制の婚姻制度と、純潔教育（＝結婚するまで、セックスは絶対にしちゃダメ！という思想）が広まります。夜這い制度のあった時代は、「まずセックス、それから結婚」だったわけですが、明治以降は、「まず結婚、それからセックス」というように、順番が一八〇度、逆転しました。

セックスが、日常の生活空間の中から追い出され、裏の世界に隔離され、結婚した夫婦のみに許される行為として特権化された結果、セックスの「反社会化」と「非日常化」が進展しました。

明治末期頃には、処女を神聖視する考え方、処女であることに意味を持たせる考え方が、人々の間に浸透してきました。ちなみに、日本における童貞観の歴史と変遷を研究した本『日本の童貞』（澁谷知美、文春新書）によると、一九二〇年代には、一部の大学生や予科生、知識人の間では、童貞であることが「カッコいい」「美徳」であった時代、「新妻にささげる贈り物」「相手に処女を望むなら、自分も童貞を守るべき」と考えられている時代があったそうです。

戦前から戦後まもなくまで、結婚する人の七割近くは、見合い結婚でした。男女共に、適齢期になれば、親や親戚、近所の人、会社の上司がその人に見合った良い相手を紹介してくれたわけです。場合によっては、親同士の話し合いで、顔もほとんど見たことの無い相手と結婚というケースもありました。

そして、純潔教育の影響もあり、当時は、婚前交渉＝結婚する前のセックスは、大きなタブーでした。よって、見合い結婚の相手と、新婚初夜に、お互いにヴァージンの状態で初体験、というパターンが多かったと思われます。若者同士の自由恋愛は、今でいうドラッグやタバコ・飲酒と同様、「社会の風紀を乱す非行」として扱われていました。

つまり、明治以降は、見合い結婚が、男女共通の「初体験システム」として、機能していたわけです。その意味で、昔の結婚制度とは、誰もが平等に、分相応のパートナーを見つけられるように、入念に設計された制度でした。

男性にとっては、異性とのコミュニケーション・スキルがゼロでも、誰でも、半自動的に結婚・セックスをすることのできた「幸せな時代」であり、多くの女性にとっては、結婚しなければ、社会的にも経済的にも「生きていけない時代」でした。

しかし、戦後の民主化の流れの中で、結婚制度も大きく変化します。日本国憲法には、第二四条で「婚姻は、両性の合意のみに基づいて成立する」と明記され、親や親族が勝手に結婚相手を決めてしまう、という戦前の結婚制度が、事実上、否定されます。

そして、一九七〇年前後を境に、恋愛結婚とお見合い結婚の割合が逆転します。つまり、お見合い結婚が、初体験システムとして、機能しなくなってきたわけです。

ここにきて、「結婚は、恋愛の延長線上にあるべきもの」という、新しい概念が登場します。「恋愛相手がいなければ、結婚できない」「だからこそ、恋愛すべき」という風潮が広まるのも、この時期からです。

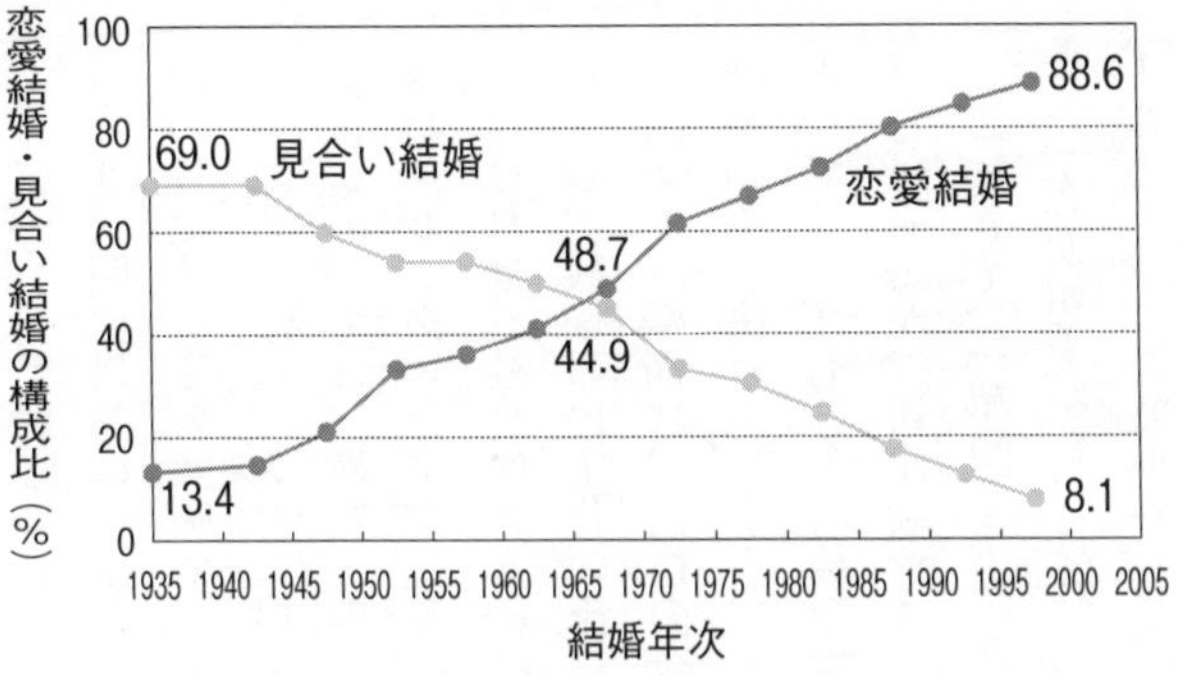

結婚年次別にみた、恋愛結婚・見合い結婚構成の推移

出典：国立社会保障・人口問題研究所「第12回出生動向基本調査　結婚と出産に関する全国調査」、「結婚年次別にみた、恋愛結婚・見合い結婚の構成の推移」

つまり、恋愛と結婚とセックスが三位一体で結びついていたのは、わずか30〜40年程度の、ごく最近の話にすぎません。私たちが常識として考えている価値観は、歴史的に見ると、決して常識ではないのです。

†初体験の「自己責任化」

見合い結婚という初体験システムの消失に伴い、僕たちは、自由恋愛市場という名の舞台で、自助努力で、初体験のために必要な知識を学び、性生活のパートナーを探さなければならなくなりました。初体験の「自己責任化」です。

その結果、初体験が無事に達成できるか否かは、全て、自己責任＝「個人のコミュニケーション・スキルの問題」「個人の容姿の問題」であるかのような思い込みが、世間に蔓延するようになりました。こうした自己責任化の進展に伴い、恋愛やセックスから退却する男子が増加します。

かつての若衆宿は、男女交際とセックスの学校としての役割もありました。男女がお互いに接近し、交際し、セックスするための技術は、人間の本能でも何でもなく、文化と歴史の産物です。決して、自然発生的には起こりません。「学校」の中できちんと伝達され、教育され、学習される必要があるのです。

文化が無くなり、歴史が忘却され、「学校」での技術の伝達が行われなくなれば、当然、男女の交際やセックスは、場当たり的で、運や偶然任せの、味気ないものになっていきます。

若い世代の男子の間で、「恋愛やセックスが面倒くさい」「怖い」「そこまで恋愛に入れ込んでも、特に得るものが無い」といったように、恋愛やセックスへの関心が低下している原因の一つには、この、男女交際とセックスの学校の不在があると考えられます。

✝相対化されるセックス

こうした「セックスの自己責任化」は、恋愛やセックスからの退却を引き起こし、その結果として、「セックスの相対化」が生じます。今の時代、娯楽という観点でのみ考えれば、相手の確保や同意が必要で、面倒なコストがかかり、妊娠や病気のリスクのあるセックスよりも、一人でもコストをかけずにできる楽しいこと、面白いことは、山ほどあります。セックスは、数ある娯楽の選択肢の一つとしては、完全に相対化されています。

こういった「自己責任化」によるセックスからの退却と、「相対化」によるセックスに対する関心の低下の相乗作用によって、男子のセックスに対する興味・関心は、低下の一途をたどっています。

一九七四年より、ほぼ六年ごとに実施・出版されている『「若者の性」白書　第七回青少年の性行動全国調査報告』（日本性教育協会編、小学館）によると、二〇一一年の調査では、男子の性交経験率は、高校生が一四・六％（前回二六・六％）、大学生男子が五三・七％（前回六三・〇％）と、はじめて前回の調査結果を下回りました。

時代が進む中で、確かに、異性と出会うためのインフラは整えられ、セックスのハードルも大幅に下がりました。しかし、いくら環境が整えられても、セックスに対する興味・関心そのものが無くなっているのであれば、意味がありません。

以上、童貞の歴史と現状分析を通して、歴史上、もっとも簡単に童貞を卒業できる＝童

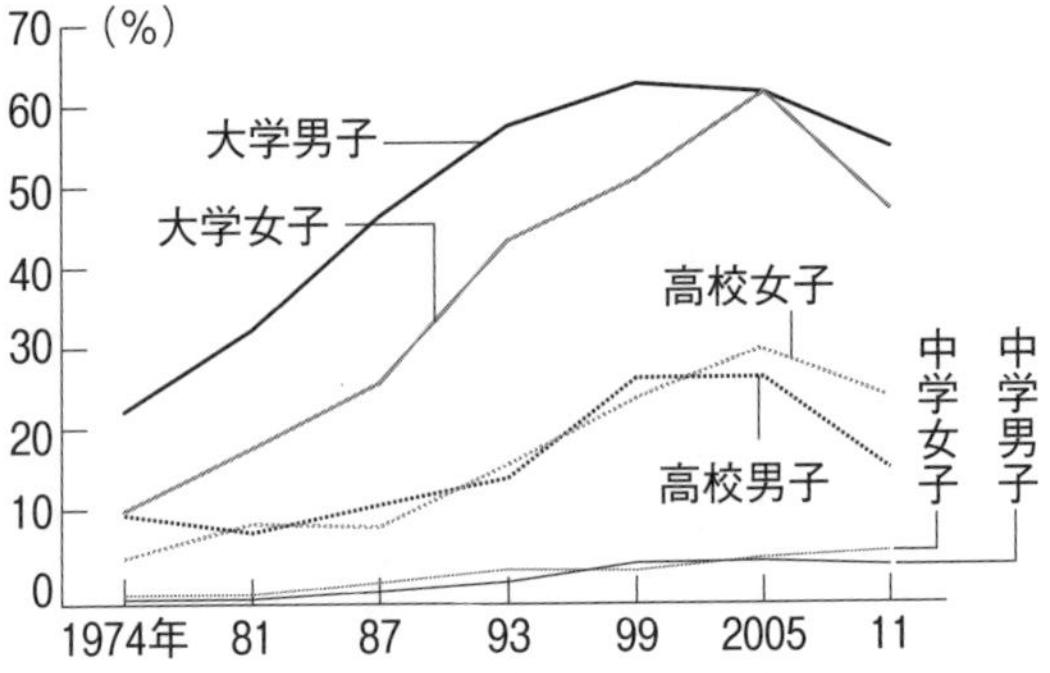

性交経験率の推移

出典：「『若者の性』白書　第７回青少年の性行動全国調査報告」

貞卒業のためのインフラがほぼ完全に整っているにもかかわらず、なぜ、童貞がここまで問題化されるのかについて、考察してきました。

そう、真の問題は、「セックスに至るまでの出会いが無い」ことではなく、「セックスをする動機づけそのものが無い」ことです。動機づけの欠如、これこそが、僕たち男子を悩ませる「モンスター」の正体です。

†「絆をつくるためのセックス」を獲得するために

動機づけが無いのであれば、別に無理にしなくてもいいじゃないかと思われる方もいるかもしれません。もちろん、セックスが、スポーツや趣味、娯楽のようなものであれば、「したい人だけが、すればいいよね」で、話は終わりです。

しかし、セックスは、単なる娯楽や趣味ではなく、次世代に命をつないでいくためのライフラインであり、僕たちが、社会の中で孤独にならずに生きていくため、他者との絆を作るための命綱でもあります。

童貞であること＝セックスができないということは、「性欲が処理できなくてかわいそう」「いい年をして恥ずかしい」という次元の問題ではなく、「他人との絆が作れない」「未来の子どもたちとの絆がつくれない」ということを意味します。個人的な欲望やプライドの問題ではなく、社会的な絆の問題です。

前述した、性的欲求不満が無く、現状満足度も高い「幸せな童貞」が、なぜヴァージン・アカデミアの門を叩くのかというと、今は良いが、このままだと、自分は一生、他人との絆を作れないのではないかという不安に駆られるからです。

「他者との絆を作れない（そもそも絆を作ることに意味を見いだせない、動機づけられない）」個人が量産されることは、本人にとっても、社会的にも、致命的な問題でしょう。

これまで述べてきた通り、僕たちの社会は、セックスを娯楽としての側面のみでしか考えられない社会です。セックスを娯楽としてのみ考えると、他の娯楽と比較され、価格比較サイトのデジタル家電の如く、あっという間に序列化・相対化・陳腐化されてしまいます。

娯楽としてのセックスが相対化されるのは構いませんが、それに付随して、他者と絆を作る手段としてのセックスまで相対化されてしまうことは、「産湯と共に赤子を流す」ことになりかねません。

†どうすれば、セックスへの動機づけを回復できるのか？

若い世代の男子をセックスに動機づけたいのであれば、生身の人間関係を通して、性的満足や充足感を得るように水路づける必要があります。近くに、豊かな性生活を送っている先輩や大人がいれば、憧れや模倣が生じるはずです。

しかし、それには、幼少期から、地域ぐるみで、男女交際に関する教育と支援を行う必要があります。都内の大学に通うオーストリアの女子留学生から聞いた話ですが、かの国では、一〇代前半から、地域の中で、同級生や先輩・後輩と、カップルを作って交際する風潮と、大人の側でもそれを支援する文化があるそうです。一〇代の早いうちから、生身の異性と交際することを通して、二〇歳前後には、性的に自立した大人になる、というわけです。

しかし、残念ながら、僕たちの大半は、そういった教育を受けていません。家庭や学校、地域社会でも、信頼できる人間関係の中で性体験を育む方法は、一切教わりません。

長すぎる「思春期のセックス・ブランク」の中、記号化された女性の裸を消費するだけの毎日。「性はお金で買うもの」「アニメやマンガ、ゲームやAVといったメディアで発散するもの」という文化にどっぷりつかってしまっており、しかも、その文化は、それなりに居心地が良い、という現実。

今更わずらわしい人間関係の中で、汗水を流すのは、面倒臭いだけです。こうした適応それ自体は、置かれた環境の中での、極めて合理的な判断でしょう。

それでは、失われてしまったセックスへの動機づけを回復するためには、どうすればいいのでしょうか。

困難な課題ですが、本書では、「絆」をキーワードに、動機づけ回復のための、一つの答えを提示したいと思います。ヒントは、「自分のため」ではなく、「相手のため」です。

†目指すべきは「利他的なセックス」

人間を動かす最大かつ最強の動機は、「利己」ではなく「利他」です。歴史上の英雄や宗教的指導者、現在注目を集めている社会起業家は、皆、「自分の幸せ」ではなく「他人の幸せ」のために、身を粉にして働いている利他的な人であり、それゆえに、大勢の人の共感と尊敬を集めています。

身近な例で言えば、「結婚をして、パートナーや子どもができると、より仕事に身が入る」という人は多いと思います。「他人の幸せ」のために働いている人は、「自分の幸せ」のために働いている人よりも、心身のストレスが少なく、精力的に働くことができる、という説があります。

すなわち、セックスへの動機づけを回復するための方法は、セックスを、「自分のため」だけではなく、「相手のため」に行うものである、と一八〇度考えを転換することです。「利己的なセックス」ではない「利他的なセックス」を目指せば、失われていたセックスへの動機づけを取り戻すことができるはずです。

それでは、「利他的なセックス」とは、具体的に、どのようなものなのでしょうか。

前述の通り、ホワイトハンズでは、男性重度身体障害者向けの射精介助を行っていますが、女性の重度身体障害者向けの性的介助サービスは、行っていません。すると、全国各地から、「女性向けのサービスを開始してほしい」という意見が寄せられます。

大変面白いことに、こうした意見を寄せてくるのは、女性障害者本人ではありません。では、誰なのかというと、障害者福祉の世界とは縁もゆかりも無い、一般の健常者の男性です。男性から、「女性障害者向けのサービスを始めてほしい」「そして、自分を、女性向けのサービスのスタッフとして雇ってほしい」というリクエスト（！）が、定期的に寄せられるのです。

応募者の男性は、皆、口をそろえて「女性障害者にも、性的なニーズはあるはず」「そういったニーズに、ぜひ、自分が応えてあげたい」「性的弱者の女性を助けてあげたい」「介助だけでなく、セックスの相手になることも可能です」と語ります。

果たして、これは「利他的なセックス」と呼べるでしょうか？

答えは、もちろん「NO」です。こうしたリクエストを寄せてくる男性のほとんどは、これまで、実生活の中で、女性障害者に一度も会ったことも無い人ばかりです。「性的弱者の女性を助けたい」という言葉を隠れ蓑にして、単に女性とセックスがしたいだけ、あるいは、自分よりも社会的立場の低い障害者の女性であれば、セックスの際に、自分が馬鹿にされることもないだろう、相手を自分の思い通りに支配できるだろう、と考えているだけです。いずれも、「究極の利他」の皮をかぶった「究極の利己」でしかありません。

そもそも、ホワイトハンズで、なぜ女性障害者向けの性的介助サービスを行っていないかというと、「女性障害者からのリクエストが無いから」です。僕たち男子は、どうしても、射精やセックスそれ自体を目的と考えてしまいがちですが、多くの女性にとって、性的な行為は、それ自体が目的になるものではなく、相手との人間関係をつくるための「手段」にすぎません。

そのため、単なる手段にすぎないものに対して、わざわざお金を払って、見知らぬ他人の力を借りてまで、実行しようとする動機自体が、そもそも湧きづらいのです。多くの女性にとっては、セックスそのものよりも、セックスの先にある人間関係＝「絆」の獲得こそが、真の目的です。

そう考えると、「利他的なセックス」とは果たしてどのようなものなのかが、見えてくるはずです。

セックスを、自分目線（＝自分の性欲の処理・発散目的）ではなく、相手目線（＝相手との絆をつくるための手段）で考え、時間と労力をかけて、相手との絆をきちんとつくった上で、セックスに臨むこと。これが、「利他的なセックス」の定義です。

大切なことは、セックスを、「自分だけが気持ちよくなる行為」としてではなく、「相手と一緒に幸せになるための行為」として捉えることです。

†武器としてのヴァージン思考

「利他的なセックス」を実現するためには、まず、童貞であることを、一日も早く捨て去るべきお荷物としてではなく、自分と他人を幸せにするための「武器」として、とらえることが必要になります。

性体験が無いことをプラスにとらえれば、経験や知識に邪魔をされず、ゼロベースで、相手との性関係をきちんと作っていけるはずです。

マーケティングライターの牛窪恵さんの著書『「ゆるオタ君」と結婚しよう!』(二〇一二年、講談社)では、結婚願望のあるキャリア女性にとって、女性経験は無いが、謙虚で誠実な童貞男性が、「ブルーオーシャン」(競争相手の少ない広大な市場)になっている旨が解説されています。童貞であることは、相手の女性を喜ばせる、大きな「武器」にもなり得るのです。

言い換えれば、童貞を卒業するとは、単にセックスを経験することではなく、自分と相手を幸せにする『武器』の正しい使い方を学ぶことです。

童貞男子の場合、「自分とセックスしたい女性なんているはずがない」「セックスとは、男子が女子に頭を下げて必死にお願いして、やっとこさしてもらうもの」と思いがちです。しかし、「男性とセックスしたい」「私とセックスしてほしい」と願っている女性は、星の数ほど存在します。もちろん、これはセックスを通して、性欲を発散したいという意味ではなく、セックスを通して、自分を女性として認めてほしい、男性との精神的な絆をつくりたいという意味です。

童貞卒業を目指す際には、常に「誰とセックスすれば、自分は幸せになれるだろうか（利己目線）」ではなく、「自分はセックスを通じて、誰を幸せにできるか（利他目線）」で考え、行動する必要があります。

「自分目線」から「相手目線」に切り替えれば、「童貞は何歳までに喪失すべし」「相手は素人であるべし」「二〇歳より前に捨てるべし」といった、世間に溢れるおせっかいな「喪失基準」は、完全に無視できるはずです。そもそも、こういった、根拠の不明瞭、かつ人の血が通っていない「喪失基準」が、一体誰のためのものなのか、考えてみましょう。少なくとも、「相手のため」ではないはずです。

次節では、「絆をつくるためのセックス」を獲得するための処方箋を、恋愛の世界を通して、解説していきます。

恋愛　恋人は、社会への貢献度に応じて支払われる「ボーナス」である

「ケアとしての射精」「ジャンクヌードからの卒業」「絆をつくるためのセックス」の視点から、男子としてのあるべき性のあり方を理解・体得することができたら、いよいよ次は、性生活のパートナー探し＝恋愛に乗り出す時です。

なお、本節では、「女性は、こうすれば落ちる」といった恋愛アドバイス、相手と仲良くなるまでの会話術や、デートへの誘い方といった交際時における細かいテクニック、雑誌の恋愛特集に出てくるような気になる異性のタイプ別攻略法などは、基本的に扱いません。

その一番の理由は、恋愛について、僕たち男子を悩ませる根本原因は、そういった小手先のテクニックやノウハウの有無ではないからです。

†恋愛の秘訣は、わずか一行で説明可能

恋愛に何らかのロマンや幻想を抱いている人、及び、恋愛ノウハウの執筆や販売で飯を食っている著者や業者からは、大顰蹙を買うことになるかもしれませんが、身もフタもないことを言ってしまえば、実は、恋愛は、既に「答えの出ている」分野です。

世の中には、痩せることを目的としたダイエット法は星の数ほどありますが、痩せるための方法は、適切な量と質の食事をとり、適切な運動を日常的に行うこと、たったこれだけです。ダイエット産業では、この基本的な事実を、手を変え品を変え、定期的にパッケージを変更して、あたかも、今までになかった、新しい効果的な方法であるかのように、売り出しているだけです。

恋愛産業も、これと全く同じです。肩透かしを食らうかもしれませんが、恋人をつくるための方法は、わざわざ分厚いハウツー本や、長編の恋愛小説を書いたりしなくても、わずか一行で説明できてしまいます。

答えは、「社会的ネットワークの中で、異性と出会う機会、異性を紹介される機会を増やす」こと。たった、これだけです。

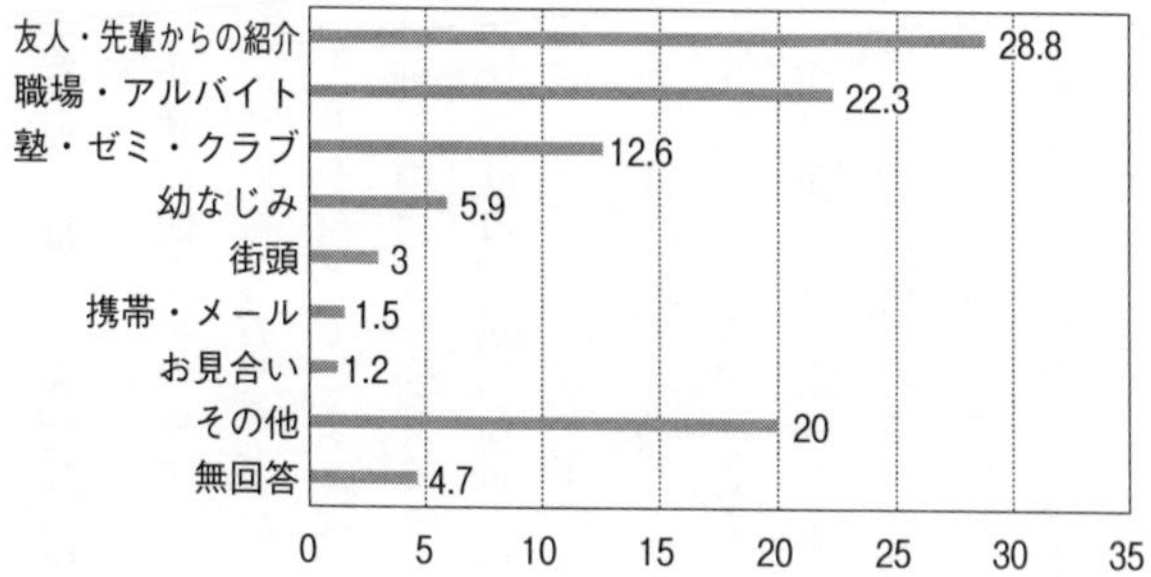

初めてセックスをした相手との知り合い方（%）

出典：「第５回　男女の生活と意識に関する調査報告書」（2010年：社団法人日本家族計画協会）

統計的に見ても、既に答えは出ています。「初めてセックスをした相手との知り合い方」に関するデータをご覧ください。

このデータを見ると、ヴァージンを卒業する際の最もスタンダードな相手は、「友人や先輩から紹介されて知り合った相手」（二八・八%）です。以下、「職場やアルバイト先で知り合った相手」（二二・三%）、「塾、ゼミ、クラブ、サークル、ボランティア活動で知り合った相手」（一二・六%）と続きます。

つまり、全体の七割近くは、社会的ネットワークの中で知り合った相手、紹介してもらった相手と、初めてのセックスに至るまでの人間関係をつくっているのです。

月並みで退屈な結論かもしれませんが、僕たちが恋人や結婚相手を見つけるのは、自分と同じような年齢・学歴・生育歴の人同士が集まる「ホーム」＝学校や職場、サークルや地域の集まりなどの、社会的なネットワークの中です。世の中に、これだけ出会いの場が増えても、僕たちは、自分の慣れ親しんだ社会的ネットワークの中で、自分と似ている相手、過去の履歴の分かる信頼できる相手とくっつきたがる傾向にあります。

社会的ネットワークの外＝ネットの出会い系や、合コンやナンパといった「アウェイ」での出会いは、自分と似ている相手、信頼できる相手を見つけることが難しいため、交際に至る確率が低く、仮に交際が成立したとしても、長続きしない傾向にあります。

社会的ネットワークの力を借りずに恋愛をすることは、アウェイの会場で、たった一人でサッカーの試合をするようなもので、どれだけ高い身体能力を持っていても、確実に負け戦になります。逆に、社会的ネットワークの力を借りれば、仮に能力が不足しても、十分に試合を戦うことができます。

すなわち、データからシンプルに考えれば、あなたが恋愛初心者であり、これから恋人をつくりたいと思っているのであれば、まず、学校やバイト先、職場や地元仲間の集まりといった、現在自分が関わっている社会的ネットワークの中で、友人や先輩をたくさん作ること、あるいは、趣味のサークルや講座、市民活動やボランティアなどの新しい社会的ネットワークへの関わりを増やすことを通して、異性と出会う機会、友人・知人から異性を紹介される機会を増やす、という方法が王道です。

こうした王道の方法を取るのが難しい場合、出会いのためのシステムを使うこともできます。ここで言う「システム」とは、インターネットの婚活サイトや、自治体主催の婚活支援事業、民間の結婚紹介所などの、自分と似た社会的ネットワークに属している相手を探すことのできるサービスを指します。

婚活サイト「ブライダルネット」

「婚活」という言葉の流行に伴い、若者世代に、婚活市場に参入することへの抵抗感が薄れ、多くの人が、婚活市場に参入するようになりました。婚活市場といっても、出会った相手といきなり結婚しなければいけないわけではなく、恋人を作るために参加・登録している人も、大勢います。

こうした既存のシステムを使えば、恋愛において困難とされているハードル＝「出会う」「誘う」「告白する」を、すべてスルーできます。ビギナーにありがちな、「出会いが無い」「誘い方が分からない」「誘う勇気が無い」「告白の仕方が分からない」という悩みは、これで、全て解消できます。

初対面の相手に、いきなり「付き合ってください！」と言ったら（ビギナーにありがちな行為ですが）、確実にドン引きされること請け合いですが、婚活サイトを通して出会った相手であれば、出会ったその日から、「じゃあ、まずはお付き合いから始めましょうか」と、「いきなり恋人」になれるわけです。

繰り返しますが、恋人を作るための方法は、「社会的ネットワークの中で、異性と出会う機会・異性を紹介される機会を増やす」、たった、これだけです。

しかし、たったこれだけのシンプルな真理を理解・実践することができず、多くの男子が悩んでいます。童貞の問題と同じく、恋愛についても、僕たちを悩ませる根本的な問題は、出会いや紹介のインフラやノウハウの有無ではなく、恋愛を記号的にしか捉えられない＝恋愛に関する実体の無いイメージに振り回されて、恋愛に向かう動機が損なわれてしまっている点にあります。

†「崇高なもの」から「面倒臭いもの」に変化した恋愛

そもそも「恋愛」という言葉は、昔から存在した日本語ではありません。今からほんの一二〇年ほど前、明治の半ば、一八九〇年代以降に使われるようになった、英語の love やフランス語の amour の翻訳語です。西洋から輸入された「恋愛」という言葉は、それまでの日本語の中で使われていた「恋」という言葉とは異なり、より清く正しく、崇高かつ神秘的なもの、という意味合いで使われるようになりました。

明治時代の文学者・北村透谷は、一八九二年、日本初の女性誌『女学雑誌』に寄稿した文章の中で、「恋愛は人生の秘鑰《ひやく》（秘密の鍵の意）なり」と主張し、恋愛があっての人の世だ、という恋愛至上主義を展開しました。

この当時の恋愛は、非日常的かつ反社会的なエネルギーを秘めている、危険なもの、それゆえに、魅力的なものという、今でいう違法薬物のような扱いをされていました。今でこそ、恋愛と結婚は自然な形で結びついていますが、当時は、両者の間に全くつながりは無く、むしろ相反するものとして捉えられていました。

時代が進むにつれて、恋愛は「結婚の前段階」と位置付けられ、結婚生活や家庭の構築へとつながる、人畜無害なものとして、社会的に飼い馴らされていきます。

つまり、恋愛は、当初は「神の見えざる手」＝崇高かつ神秘的な力によって、男女を衝き動かすものとして捉えられていましたが、その後、「お上の見えざる手」＝近代化を目指す国家、及びそれを支える地域社会の力で結婚の前段階という無害なものと位置付けられました。

その後、時代の流れの中で、前節で解説した通り、恋愛やセックスの「自己責任化」と「相対化」が進みます。こうした過程で、恋愛に対するイメージは、「崇高なもの」から、「当たり前のもの」、場合によっては「面倒臭いもの」へと変化していきました。

さらに、市場の圧力（＝恋愛をしたければ、これを買いなさい、これを買わないと、女性にモテない！　など）や、仲間内での同調圧力、「非モテ」「恋愛難民」「非リア充」など、恋愛経験や恋人の有無で、その人の人格、はたまた人生の成否を揶揄的に採点する世間の風潮も入り込んで、男子が恋愛を「面倒臭い」と考えざるをえない風潮は、ますます加速しています。

それでは、こうした困難な状況下で、僕たちが恋愛に向かう動機を取り戻すためには、どうすればいいでしょうか？　本書では、この問いに対して、安易な精神論や自己責任論の罠に陥らずに、具体的な処方箋を提示したいと思います。

†地方進学校に通う高校生の鬱屈

　恋愛に関して、個人的な話をしますと、僕自身が、自分の過去を振り返って、一番「恋愛に動機づけられていた」と思えるのは、高校時代でした。

　当時は、地元の新潟県でトップと呼ばれる公立進学校に通っていたのですが、学校の校風と全く肌が合わず、毎日学校に通って授業を受けることが、苦痛以外の何物でもありませんでした。

　部活も途中で辞めてしまい、成績も学年で底辺レベル、クラスで話す友達は一人もおらず、昼食の弁当も、教室内で一人きりで食べるのが耐えられないので、体育館の裏やトイレの中で食べる始末。休み時間は、ウォークマンのイヤホンを耳に突っ込んで、当時流行っていた黒夢やハイロウズなどのパンクロックを爆音で聴きながら机に突っ伏しているか、学校の裏にある松林にエスケープして、日本海に面した、坂口安吾の石碑のある丘の上で、山田詠美の小説『ぼくは勉強ができない』を読み耽っているような、痛々しい男子高校生でした。

　言うなれば、この世界で自分だけが、全ての社会的ネットワークから、完全に疎外されている（と思い込んでいた）時代。そんな中、自分と同じように、クラスの中で孤立しつつも、自らの意志を持って単独行動をしているように見えた、同じクラスの女子に、熱烈な片思いをするようになります。

彼女とは、一度もまともに話したことが無かった（!）のですが、同じ教室で退屈な授業を受けながら、「彼女だけが、自分と同じタイプの人間なのではないだろうか」「彼女と恋愛すれば、自分は救われるのではないだろうか」ということを、上の空の気分で、悶々と考えていました。何度か、勇気を振り絞って彼女に告白しようと思ったのですが、あと一歩を踏み出すことができず、結局、卒業まで一言も話すことの無いまま、一方的な片思いで終わってしまいました。

社会的ネットワークから疎外されていることによって生じる孤独感や不安感を埋めるために、「自分を受け入れてくれる女性」「自分を救ってくれる女性」を求めて、たまたま身近にいる女性に、理想の女性像を投影して、一方的かつ熱烈な恋愛感情を抱くようになる。こういった経験のある男子は、意外と多いのではないでしょうか。

もしも、これが「恋愛」だとすると、恋愛への動機づけを回復するためには、社会的ネットワークから疎外されることが必要条件になります。しかし、それは、本当に「恋愛」

と呼べるのでしょうか？

†【事例】池袋出会いカフェ女子大生殺人事件

社会的ネットワークの観点から、恋愛の動機づけ問題を考えていくための事例として、二〇一〇年九月に発生した「池袋出会いカフェ女子大生殺人事件」を取り上げたいと思います。これは、援助交際や売買春目的の男女が集まる「出会いカフェ」で生じた事件であり、一見、恋愛とは真逆の世界の出来事に思えますが、その背景には、僕たち男子の多くが抱えている、恋愛と社会的ネットワークに関する、根本的な問題が潜んでいます。

【事件の概要】

二〇一〇年九月二六日深夜、女子大生のA子さん（当時二二歳）が、池袋の出会いカフェ「キラリ」で知り合った男性・K（当時二九歳・住所不定無職）に、ラブホテルで首を絞められ、殺害された。Kは、翌日中に、知人に付き添われて渋谷警察署に出頭し、容疑を認めた。

事件当日、Kは、出会いカフェでA子さんと知り合った後、A子さんに合計二万円を支払って、居酒屋で飲食をしながら話をした。A子さんは明るい態度で、親身になってKの話や悩みを聞いてくれた。そのあと、A子さんから「ホテルなら三万円、カラオケなら一万円」と言われて、さらに三万円を支払い、ラブホテルで性交をした。

シャワーの後、Kは、「財布の中にあった一万円がなくなっている」と、A子さんを問い詰めた。A子さんは、「クレジットカードの支払いに困っていた。貸してほしい」「無理やりホテルに連れ込まれたことにして警察に言う」「警察以外にも、私のために動いてくれる人はいる」「帰る」と言ったので、態度を急変させたことにショックを受けたKは、A子さんをベッドに倒し、仰向けにして首を絞めた。

池袋の出会いカフェ

A子さんから、「首を絞められたことも言ってやる」と言われたため、追い詰められたKは、「通報されたら困る」と思い、そのまま強く首を絞めて、A子さんを殺害した。

犯行後、Kは、遺体の下腹部の刺青、陰毛をライターで炙り、A子さんの身元を確認できないようにしようとした。午前四時、いったん自宅に戻り、知人に犯行を告白した後、午後七時、その知人に付き添われて、渋谷警察署に出頭した。

＊参考資料：シノドス「池袋出会いカフェ女子大生殺人事件　裁判傍聴記録　要友紀子／SWASH」（http://synodos.jp/society/5769）以下同

この事件は、一見すると、金銭欲のために素人売春をしている身勝手な女子大生が、相手の男性客とのトラブルによって殺されたという、同情の余地のない事件のように思えるかもしれません。事実、ネット上では、事件後、被害者であるA子さんに対する誹謗中傷の書き込みが数多くなされました。

しかし、この事件を、被告人である男性・Kの生い立ちの視点から見ると、現代社会における男子と恋愛の問題についての、切実かつ重要な論点が見えてきます。

【Kの生い立ち】

Kは、福島県出身。小さい頃に両親が離婚し、母子家庭で育った。母親は、新興宗教の熱心な信者であり、友達との交際について、母親から、「宗教を信じていない相手と友達になってはいけない」という一定の制約を受けていた。その結果、友達づきあいに対して、苦手意識を持つようになった。

Ｋは高校を中退しているが、その背景には、「宗教を信じていない相手と友達になってはいけない」「スポーツは、宗教にとって許されないものである」といった主張で自分を縛ろうとする母親との葛藤があった。宗教のことで言い争いになり、「あんたなんか産まなければよかった」と言われ、母の頭を殴ったこともあった。それで、母親からの自立を決意して、高校を中退し、上京した。

上京後、Ｂさんという男性に、池袋の飲食店で声をかけられて、仕事の雑用などを手伝うようになり、住居も提供してもらえるようになった。引越しをする際は、Ｂさんが保証人になってくれた。母子家庭で育ったＫには、父親に対して、強い憧れがあり、Ｂさんを父親のように慕っていた。犯行後、警察署への出頭の際にも、Ｂさんが同行した。

バイト先で知り合った女性と付き合ったことがあったが、ある日、メールで別れ話を告げられた。Ｋは、そのメールをみて取り乱して、彼女に電話をした。彼女からは、「一緒にいても楽しくないし」と言われ、Ｋは「バイト先の他のスタッフが好きなのではないか」とか言って、ヒステリックに怒鳴った。「死んでやる」とも言った。感情を溜めこむ傾向があるのかもしれない。

Kは、自分の弱さを、周囲の人に見せることができなかった。むしろ、自分を知らない人と話したほうが、自分のことを素直に話せる、と考えていた。犯行当日は、風俗の無料案内所に行き、デリヘルを利用しようと思っていたが、気に入った女性は出勤していなかった。そこまで性欲があったわけではなく、「誰かと話をしたい」という思いの方が強かったため、池袋の出会いカフェに行き、そこでA子さんと知り合った。

定職の無いKには、それまでの引っ越し代や生活費による借金が二〇〇万円以上あり、一〇月からは、コールセンターで派遣の仕事を行うことが決まっていた。

出会いカフェにおける売春の実態調査を行った荻上チキさんの著作『彼女たちの売春《ワリキリ》社会からの斥力、出会い系の引力』(扶桑社)のデータ(二〇一二年の調査)によると、「買う側」の男性は、一〇〇人中八八人が高卒以下の学歴で、六一人が未婚・彼女なし、六八人が風俗利用経験あり、となっています。職業別にみると、会社員(三一人)が最も多く、その次にフリーター（一〇人）が続きます。このデータから見ると、高校中退で定職が無く、未婚・彼女なしで風俗利用経験のあるKは、出会いカフェのユーザーの中では、特に珍しくも無い、平均的な男性像と言えるかもしれません。

Kは、子どもの頃から、両親の離婚や母親の信仰していた新興宗教の影響で、学校や地域といった、社会的なネットワークから疎外される形で育ちます。唯一の人間関係であった母親との関係も悪化し、母親の呪縛から逃げ出すような形で上京してみたものの、東京でも、何らかのネットワークに所属することができず、孤独な生活を送る羽目になります。一方、そうした弱い自分を、周囲の人に見せて、受け入れてもらうこともできない。

そうした中で、「誰かと話をしたい」という欲求が募ってしまい、無職で多額の借金もあり、生活に全く余裕の無い中でも、一回に数万円もの大金を支払って、出会いカフェで、人工的な「出会い」と「会話」、そして「セックス」を伴う「恋愛」をしようとする……。それが、後の大きな悲劇につながります。

本節の冒頭で述べた通り、恋人を作るための最も効果的な方法は、「社会的ネットワークの中で、異性と出会う機会、異性を紹介される機会を増やす」ことです。裏を返せば、これは、社会的ネットワークに一切所属せずに恋愛をすることは、極めて難しいということとを意味します。

恋愛と社会的ネットワークとの間には、切っても切れない関係があります。恋愛の成否は、実は、容姿や性格、コミュニケーション・スキルや年収といった、個人の属性だけで決まるのではありません。社会的ネットワークに所属しているか否か、あるいは、どの社会的ネットワークに、どの程度の長さ・深さで関わっているかという点に、大きく左右されます。

社会的ネットワークに所属せずに、恋愛だけを享受しようとする男子の行く先には、二つの落とし穴が待ち受けています。一つ目は、高校時代の僕のように、たまたま身近にいる女性に対して、自己の理想や願望を勝手に投影してしまい、一方通行の不毛な片思いにハマって苦しむ、という落とし穴。二つ目は、Kのように、「素人女性との出会い」という言葉をエサにして、社会的に孤立している男性をカモにする、出会い系業者や性風俗業者の格好のターゲットになる、という落とし穴です。

すなわち、Kの悲劇は、「社会的ネットワークに所属せずに、恋愛だけをしようとしてしまった」＝お金で恋愛関係を買おうとしてしまった点にあります。社会的ネットワークによる他者とのつながりを得られない人は、お金の力を使って、強引につながりをつくろうとします。しかし、言うまでも無く、お金でつくられた人間関係は、ほんの瞬間的なものので、終わった後に、虚しさが残るだけです。

Kも、ラブホテルで、A子さんにお金を払ってセックスをした後、「一体、自分はなぜこんなことをしているんだろう」「なぜ、こんな相手に、大金を払ってしまったんだろう」という後悔の念に駆られたのではないでしょうか。そこから来る虚しさが、間接的に、犯行の引き金の一つになったのかもしれません。

恋愛へのモチベーションを復活させるために

以上を踏まえて、僕たち男子が、恋愛への動機づけを回復するための処方箋を提示します。

結論を述べると、僕たちが最初にやるべきことは、「所属している社会的ネットワークへの貢献」です。自分が現在所属しているネットワーク、あるいは、これから所属するネットワークへの貢献度を高めることが、僕たちが恋愛に対するモチベーションを取り戻し、かつ恋人を得るための、最短距離にして、最も効果的な処方箋です。

具体的には、ゼミや部活、サークルの企画運営や、飲み会・合宿等のイベントの幹事を率先して行う、ＮＰＯや市民活動を通して、地域の活性化や問題解決に協力する、社内において重要だけれども誰もやりたがらない仕事を積極的に引き受ける、所属部署の業績を上げる、職場の人間関係やワークライフバランスをうまく調整して、皆が働きやすい環境づくりに力を入れる、などです。

自分の所属しているネットワークの仲間から褒められたり、認められたりすることは、それ自体が、何物にも代えがたい、大きなモチベーションになるはずです。

社会的ネットワークへの貢献度を高めれば、必然的に、ネットワーク内でのあなたの評価や好感度は上昇します。それによって、ネットワーク内の異性からアプローチされる機会、内外の異性を紹介される機会も増えるでしょう。出会った後、紹介された後の「成約率」も、貢献度に比例して上昇するはずです。

仮に、ネットワーク内での出会いや紹介が無かった場合でも、貢献の実績があれば、他のネットワークへ移動することも、容易になります。

恋愛を、自分磨きの問題、あるいは、自分と相手の二者関係だけの問題として考えてしまうと、前述の「面倒臭さ」に負けてしまい、なかなかモチベーションも上がらず、成果も出ません。そこで、自分磨きや二者関係を超えた「社会的ネットワークへの貢献」という観点から、恋愛を捉えなおす必要があります。

容姿やコミュニケーション・スキル、年収といった諸条件は、そういったネットワークへの貢献活動の過程で、自然に磨かれるもの、自然に高められていくものです。

恋愛の問題は、どうしても個人の内面や意識の問題、容姿や年収といった属性の問題に還元されがちですが、いくら自分の内部だけを磨いても、効果はありません。クラス、サークル、部活、ゼミ、ボランティア、職場、家庭、地域社会といった外部への貢献が必要です。合言葉は、「自分自身を磨くよりも、自分の所属しているネットワークを、まず磨け」です。

†「モテる／モテない」からの卒業

残念ながら、現在、男子の恋愛の世界で用いられている基準や恋愛指南の類には、こういった「所属している社会的ネットワークへの貢献」という概念が、完全に欠如しています。

例えば、男子であれば、誰もが一度は気にするであろう、「モテる／モテない」という基準。これらは、いずれも実体の不明瞭なイメージ＝単なる記号にすぎません。

異性にモテるために、「自分は、どのネットワークの、誰に対して、どのような貢献をできるのか」ということを論理的・具体的に考える男子は、ほとんどいません。ただ、メディアによって流布された「モテる／モテない」という曖昧なイメージによって、劣等感や焦燥感を煽られて、右往左往するばかり。

そもそも、「あの人は、異性にモテる」という場合の「異性」とは、多くの場合、「不特定多数の異性」を指します。この場合は、不特定多数の異性に好かれるだけの、平均以上の容姿やコミュニケーション・スキルを持っているかどうかが、重要なポイントになります。

したがって、不特定多数の異性のパートナーと出会い、交際を開始しようとするのであれば、「異性にモテない」ことは、致命的な問題になります。

しかし、冷静に考えれば、大多数の人は、一生のうち、たった一人の相手に、きちんとモテさえれば、それで満足できるわけです。後述しますが、「不特定多数の相手にモテたい」という願望は、男女交際の現実を知らない男子特有の、誤った妄想に過ぎません。

同じく、恋愛指南の世界の頻出単語である「コミュニケーション・スキル」や「自分磨き」にも、同じことが言えます。いずれも、誰と、どのようなコミュニケーションをとりたいのか、誰のために、何を磨くのかといった視点が完全に欠如している点が共通しています。

†「絆コスト」を支払う覚悟を持とう

他者と付き合う醍醐味は、自分と違う価値観を持った他者との「対話」＝お互いの立場の違いを踏まえた上で、時間をかけて、価値観のすりあわせをしていく中で、お互いに理解・共有できる部分を増やしていくことにあります。

しかし、高校時代の僕の例や、Kの例を見ればお分かりの通り、社会的ネットワークから疎外された男子は、この「対話」の意味や意義を理解できないため、そんな面倒な手続きを踏まなくても、自分のことを、今すぐ、この場で、無条件で、全面的に受け入れてくれる相手のみを、ダイレクトに求めてしまいがちです。

一度も話したことの無いクラスの女子に対して、この人ならば、自分の全てを理解してくれるはずと一方的に思い込んでしまったり、今日、出会いカフェで初めて出会った女性に対して、この人とセックスすれば、自分は救われるかもしれないと思い込んでしまう。

もちろん、そんな都合の良い相手は、「社会的ネットワークの外」には、決して存在しません。

出会いカフェをはじめ、ライブチャットや出会い系サイト、キャバクラなど、女性との「会話」を売りにしたサービスは、世の中に数えきれないほど存在しています。一方、女性との「対話」を売りにしたサービスは、全くと言っていいほど存在しません。

その背後には、社会的ネットワークから疎外された男子特有の、コストを支払わずに、恋愛の美味しいところだけを味わいたいという、虫のいい発想があります。

この「対話」の問題を含め、僕たちが恋愛をしていく上で、これまでの恋愛指南書にはほとんど書かれていなかったことは、「女性との絆の構築・維持には、膨大な時間的・精神的コスト（＝絆コスト）がかかる」という事実です。

男性向けの恋愛指南書には、「いかにして、女性と出会うか」「いかにして、女性を口説くか」という交際開始前の段階については、腐るほど言及があります。

しかし、交際開始後の段階、すなわち、一度セックスを経験した女性と、長期にわたって、良好な関係を維持していくための方法については、ほとんど言及されていません。その背景には、いかにして、不特定多数の女性とセックスをするかということに重きを置く、男子特有の視点があります。

女性と絆を作りたければ、それに応じた絆コストを支払う必要があります。「据え膳」や「タダ飯」はありません。

恋愛において、僕たち男子にとっての最大の課題は、「コスト感覚」の欠如です。

当たり前のことですが、一人の人間と、性的関係に至るまでの信頼関係を築くためには、多くの時間的・精神的コストがかかります。一粒の種子が花を咲かせるまで、一定の時間と労力がかかるのと同様に、一人の女性に最初に出会ってから、自分の目の前で下着を脱いで全裸になってもらうまでには、相応の時間がかかります。DVDのように、早送りも、一時停止も、スキップ再生もできません。

KとA子さんのように、お金の力でそうした手間を省き、いきなりホテルに行くこともできますが、そうした振る舞いが、どのような歪みを生み出し、どのような結末を招くかは、これまで見てきた通りです。

誰にでも分かる、こうした単純な事実が、なぜか、異性やセックスのことになると、みんな分からなくなってしまいます。その結果、「すぐに出会える」「即アポ即ハメ」「素人風俗」にハマってしまう。

恋人（＝濃密な人間関係・性的関係）は、「探すもの（獲物）」でも「取り換えるもの（非耐久消費財）」でも、はたまた「売り買いするもの（商品）」でもなく、「時間とコストをかけて、二人で育てるもの」です。

本節で事例として取り上げたような事件、あるいは類似の出来事は、世間の目に見えない水面下で、頻繁に起こっていると考えられています。Kの抱えていた問題＝社会的ネットワークからの疎外や、性の売り買いや疑似恋愛では満たされない孤独感は、まさに、恋愛に悩んでいる、僕たち自身の問題でもあるはずです。

こうした事件を、「他人事」や「ネタ」として、ネット上で「叩いて終わり」にするのではなく、事件の悲劇から教訓を学び、社会的ネットワークへの所属と貢献を通して、絆コストを支払う覚悟を持ちましょう。そうすれば、必ず、妄想でも幻想でもない、生身の良きパートナーに巡り合えるはずです。

初体験　初体験の社会学　最も個人的な体験が、最も社会的な体験である

セックスをするときには、服を全て脱いで、異性の前で、自分の裸を見せる必要があり

ます。初体験＝人生で初めてのセックスとは、言い換えれば、初めて、家族以外の異性に、自分の裸を見せることでもあるのです。

では、「初めて、家族以外の異性に、自分の裸を見せること」は、一体僕たちに、どのような変化をもたらすのでしょうか。

ホワイトハンズの主催しているヌードデッサン会「らあーと」では、「モデル体験参加コース」があります。これは、ヌードモデルを体験してみたい、というモデル未経験の男女に、実際にモデルを体験してもらうコースです。

大勢のデッサン参加者の目の前で、ガウンを脱ぎ、一糸まとわぬ全裸になって登壇する時は、男女問わず、恥ずかしさで全身が真っ赤になったり、汗だくになったり、意識が飛びそうになったり、心臓が破裂するかのような緊張感を味わいます。当日だけでなく、開催日の数週間前から、緊張のあまり寝不足になる人もいます。

しかし、いざデッサンが始まると、不思議と緊張感は収まり、ポーズに集中できるようになります。そして、無事にモデル体験が終わると、皆「とても気持ちが良かった」「ぜひ、また挑戦したい」と、登壇前とは違った、充実した表情を見せてくれます。

詳しく感想を聞いてみると、「人に見せられるような身体ではないのだけれど、皆の前で裸になることで、ありのままの自分を認められたような気がして、心地よく感じた」という意見が出てきます。

デッサン会は、モデルの視点からみると、安全に裸になれる空間です。運営スタッフがおり、参加者のIDチェックも徹底されているため、いきなり暴行されたり、襲われたりするリスクもありません。自分の身体が採点されたり、批評されたり、比較されたりせずに、ありのままの姿をデッサンしてもらえます。

その過程で、これまで自分の身体に対して抱いていたコンプレックスが、単なる独りよがりの思い込みであったことに気づき、服を脱ぐという物理的な解放感に加えて、精神的な解放感にも包まれます。

安心できる空間で、人前で裸になること、ありのままの自分の裸を、相手から認めてもらうことは、大きな解放感と自己肯定感を与えてくれます。

本節では、異性の前で初めて裸になることの解放感と、それによって得られる自己肯定感という、今までありそうでなかった観点から、男子の初体験を捉え、そこに焦点を絞って、初体験を成功させるための処方箋を紹介します。

実は、初体験を成功させるための処方箋から、生涯にわたって、パートナーと豊かな性生活を送るための秘訣が見えてくるのです。

†初体験は、「社会問題のデパート」である！

初体験は、一見、最も個人的な体験に思えますが、実は最も社会的な体験です。

初めて、異性の前で裸になって肌を重ねる過程で、学校や家庭での性教育の欠如、男女間のコミュニケーション不全、デートDV、言葉の暴力、女性差別や支配欲求、アダルトメディアによる記号消費の影響、ED（勃起・射精障害）、過去の性的虐待・性犯罪被害体験のフラッシュバック……などなど、それまで、僕たちがどうにか取り繕ってきたこと、見て見ぬふりをしてきたことが、自分と相手の裸と共に、全て露わになってしまう瞬間でもあります。

「ららあーと」モデル体験参加の様子

その意味で、初体験は、「社会問題のデパート」です。

ホワイトハンズが、前述のヴァージン・アカデミアを立ち上げた背景には、こういった社会問題のデパートである初体験の領域に、NPOの立場から、一石を投じるためです。

しかし、これまで述べてきた通り、男子の初体験の成否や質が、社会的に問題化されることは、ほとんどありません。前述の通り、学校での性教育は、避妊や性感染症予防の解説のみで、初体験を成功させるために必要とされる、具体的な知識やスキルは、一切教えられません。

その結果、初体験の失敗によって、自分と相手の身体や自尊心を傷つけてしまったり、セックスに対する興味・関心自体を失ってしまったり、その後に売買春や性風俗に走ってしまう人が、後を絶たない状況です。

初体験に対して、正しい知識の啓蒙と、社会的な支援が一切なされてこなかった事実を、最も端的に表している言葉が、「初夜」です。

今更のように聞こえますが、なぜ、ヴァージンの卒業に当たって、「初夜」という言葉が用いられるのでしょうか？ 答えは、ほとんどの人が、童貞や処女は、一晩で喪失できるものだからという固定観念を持っているからです。しかし、これは本当に正しいことなのでしょうか？

†挿入は、セックスの「目的」でもなければ、「一番気持ちのいいこと」でもない！

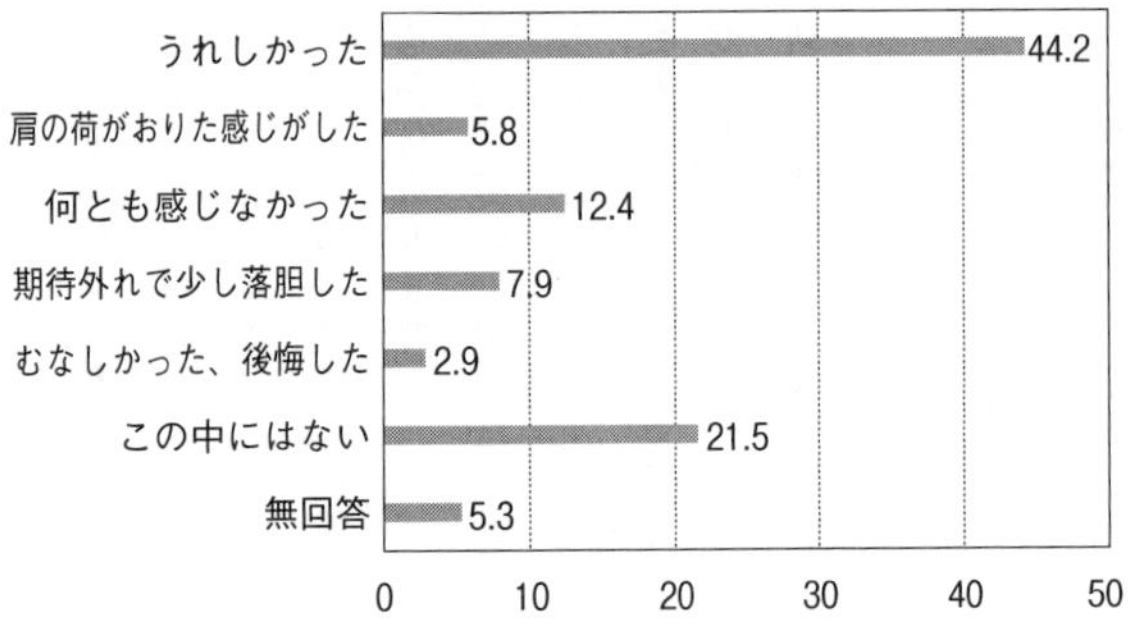

初めてのセックスをした後の気持ち（%）

出典：「第５回　男女の生活と意識に関する調査報告書」（2010年：社団法人日本家族計画協会）より、一部を編集して使用

まず、冒頭から、童貞男子の幻想を粉々に壊すようなことを書いてしまいますが、セックスを「膣への挿入行為」としてのみ考えた際、多くの場合、人生で初めてのセックスは、男女お互いにとって、全く気持ちの良いものではありません。むしろ、「痛いだけ」「不快なだけ」「お互いに、気まずくなっただけ」で終わってしまうケースの方が、圧倒的に多いと推測されます。

前述の「第五回　男女の生活と意識に関する調査報告書」によれば、初めてセックスしたときの気持ちについて、「うれしかった」と答えた人は、全体の四四・二%に過ぎませんでした。

その後は、「何とも感じなかった」（一二・四%）、「期待外れで少し落胆した」（七・九%）、「肩の荷が下りた感じがした」（五・八%）、「むなしかった、後悔した」(二一・九%)と続きます。

最も多い「うれしかった」という回答も、決して「気持ちよかった」という回答ではないことに、注意が必要です。痛いだけで、全然気持ちよくは無かったんだけれども、ヴァージンを卒業できたことに関してだけは嬉しかったという人が、回答者の中に、相当数、入っているはずです。隠れたマジョリティである「この中にはない」(二二・五%)の中身も気になります。

たいていの男子は、初体験が終わった後に、「入れるまで、こんなに時間と手間がかかるのでは、ムードも何も、あったもんじゃない」「一人でやる自慰の方が、数倍マシ」「ただひたすら、面倒臭くて、しんどいだけじゃないか」と感じるでしょう。そして、なぜ、世間のカップルや夫婦に、これだけセックスレスが蔓延しているのかを、ようやく、身に染みて理解するはずです。

そう、大半の男子にとって、初回のセックスは、途中で失敗するか、仮に成功したとしても、「こんなものか」「だったら、やらなければよかった」と、失望する結果に終わってしまうのです。

その理由は、大きく分けて、二つあります。

一つ目は、そもそも、膣への挿入は、スポーツ同様、訓練を積まなければ、絶対にうまく行かないもの、回数を重ねなければ、楽しめないものだからです。

初回の挿入から、お互いが、ドラマや官能小説のような、めくるめく快楽の世界を味わえる……というのは、まずありえません。

この点が全く理解されていないため、セックスは、彼女に挿入するだけで、超気持ちよくなるはず、挿入しさえすれば、彼女はすぐに気持ちよくなって、絶頂に達してくれるはずという、完全に誤ったイメージを抱く男子が量産されています。

そのため、「挿入しても、全然気持ちよくなかった」「挿入しても、彼女が全然気持ちよさそうじゃなかったので、冷めてしまった」という結果に終わり、それ以降のセックスに関心が持てなくなってしまう男子もいます。

せっかく、女子とセックスする関係にまでたどり着いても、単なる相手の身体を使ったマスターベーションになってしまったり、相手に失礼にならないように、挿入して、気持ちよくなっているフリをする演技に精を出すだけ、という不幸な状況が生じています。

二つ目は、そもそも膣への挿入は、セックスのメインではないからです。挿入は、セックスの目的でもなければ、セックスの過程で一番気持ちのいいことですら、ありません。

にもかかわらず、男女問わず、ほとんどの人が、「挿入の有無」「挿入の可否」だけにこだわって、挿入が達成できたか否かを、セックスの成功基準、ヴァージンの卒業基準にしてしまうところに、大きな問題があります。

障害によって、射精や勃起が困難になったことで、「自分はもうダメだ」「恋愛も結婚もできない」と、女性との関係を全て諦めてしまう男性。童貞コンプレックスから性風俗での初体験に挑戦するも、緊張で勃起も射精もできずに、激しく落ち込む男子学生。加齢による身体機能の低下に逆らい、薬を使って、どうにか勃起力を維持しようとする高齢男性……。いずれも、射精と挿入をめぐる神話にどっぷり囚われています。

こうした「挿入神話」「射精神話」が、男性のみならず、現代社会の初体験、ひいては恋人・夫婦間のセックスを貧困なものにしている元凶です。

†挿入神話を破壊せよ！

改めて、原点に戻って考えてみましょう。そもそも、セックスの目的とは、何でしょうか？　少なくとも、自分だけが、一方的に気持ちよくなることではありませんよね。同様に、相手だけが、ひとりよがりで勝手に気持ちよくなることでもないでしょう。また、身体的な快感だけではなく、精神的な満足も必要なはずです。

セックスの目的は、お互いが身体的・精神的に気持ちよくなることを通して、相手を性的に認め合い、信頼関係を深め合うことにあります。一言で言えば、「絆をつくること」です。

お互いが身体的に気持ちよくなるためには、セックスの過程で、お互いの性感帯を刺激し合う必要があります。ほとんどの人は、人間の性感帯というと、真っ先に、性器（男性のペニスや女性のクリトリス）を思い出すでしょう。しかし、人間にとって、一番の性感帯は、性器や粘膜部位だけではありません。

そもそも「性感帯」自体が、科学的根拠があいまいな上に、時代や社会によって変化し、個人差も大きい概念です。フランスの哲学者・フーコーの著作『性の歴史』には、一九世紀以降、近代医学によって「性的欲望」「性的身体」といった概念が人工的に生み出され、あたかもそれらが自然かつ自明の真理であるかのように啓蒙・普及させられていく歴史が描かれています。

性器が一番の性感帯では無いにもかかわらず、初体験の場では、男女共に、「お互いの性器こそが、一番の性感帯である」と勘違いしてしまい、必死になって、挿入しよう、愛撫しよう、とあくせくしているわけです。しかし、そもそも一番の性感帯ではないものを、どれだけいじくり回してみても、一向に気持ちよくはなりません。

さあ、それでは、人間の身体では、一体、どこが、一番の性感帯だと思いますか？

その答えは、「皮膚」です。意外に思われるかもしれませんが、人間にとっての、最大にして、一番の性感帯は、「全身の皮膚」です。

性感は、特定の性感帯への物理的な刺激によってのみ生じる単純な反応ではなく、相手や環境、精神状態、刺激時間やタイミングによって、性感を得ることのできる部位、及びその強弱が変化する、という流動的なものです。したがって、理論的には、男女問わず、髪の毛からつま先まで、全ての身体部位＝全身の皮膚が、潜在的な性感帯になりえます。

学校や職場で、何かのはずみで、偶然、異性の手や肩に触れてしまって、ドキッとした記憶は、誰にでもあるでしょう。また、子どもの頃は、誰もが、母親や父親に、抱っこやおんぶをされるのが、大好きだったはずです。

皮膚が最大の性感帯であるからこそ、好きな人から、自分の皮膚に触られること、もしくは好きな人の皮膚に触ることが、非常に気持ちのいい行為になり得るのです。

年齢を重ねたカップルの場合、挿入が無くても、お互いに裸になって抱き合っているだけで、十分気持ち良いし、それだけで、心も身体も満たされるという境地に達する人も多いです。

スキンシップをセックスの中心に置くことで、将来、加齢や障害・病気で勃起や射精が困難になったときにも、不要な挫折感や絶望感を味わう必要が無くなります。最近、作家の渡辺淳一さん（八〇歳）が、自らの性的不能状態を告白し、それに基づいた小説『愛ふたたび』を発表して、話題になりました。

渡辺氏は、週刊誌でのインタビューにて、「男が勃起して射精できなくなっても、女性は意外に失望感を持っていない」「挿入にこだわるよりも、優しく声をかけたり、肌を愛撫したりして、ゆっくりとベッドを共にする。女性はそれで納得して、むしろ満足してくれる」と語ります。つまり、射精や挿入にこだわるセックスを放棄し、スキンシップと言葉によるコミュニケーションを重視したセックスに切り替えろ、と述べています。

「八〇歳近くになるまで、そんな基本的なことにすら気がつかなかったんかい」という野暮なツッコミはさておき、そうしたセックスに切り替えることにより、セックスに対する構えや飽きが無くなり、セックスレスの予防にもつながります。少なくとも、好きな相手と、スキンシップをすることに、飽きる人はいません。

そう考えると、初めてのセックスで気持ちよくなるための方法は、非常にシンプルです。お互いに裸になって、ベッドの中で、好きなだけ、ぎゅっと抱き合う、これだけです。余計な愛撫や、AVの真似事のような行為、面倒くさい、痛いだけの挿入行為などは、基本的に、初めのうちは、一切しなくてもいいのです。

これだけのことであれば、ヴァージンの人でも、何の不安もなく、実践できると思いませんか? 必要なのは、相手の前で裸になる勇気だけです。

そう、「愛撫はこうしろ」「性感帯はここだ」「挿入のタイミングはこうやって測れ」などといった、「女性をイカせる」ことのみを目的とした、男性目線のテクニックやマニュアルは、初体験に関しては、全て無用の長物です。

お互いに裸で抱き合っているうちに、自然と気持ちが高まってきて、キスしたり、お互いの身体を愛撫し合ったりするようになります。そうやって、お互いの気持ちと身体が十分に温まった時点で、初めて、挿入の段階(=挿入が、お互いに気持ちいいと思える段階)に移行できるわけです。

また、セックスにおけるオーガズム(性的絶頂感)の有無と、性生活に対する満足度との間にも、相関関係はありません。九〇年代にアメリカで行われた調査(『セックス・イン・アメリカ――はじめての実態調査』一九九六年、NHK出版）によれば、パートナーとのセックスによってオーガズムを感じる割合は、男性で約七割、女性は約三割程度でしたが、男女間の身体的・精神的な満足度には、大きな差はありませんでした。

その意味で、実は、セックスの「マンネリ化」というのは、テクニック神話（＝セックスにはテクニックが必要、男性は女性を満足させるテクニックを身につけなければならない、という強迫観念）に毒された結果に過ぎません。テクニックそれ自体も、実は、記号の亜種に他なりません。

「挿入しなきゃ」「相手を満足させなきゃ」と思うと、どうしても構えてしまい、セックス自体が億劫になるはずです。仕事や勉強を長続きさせるコツと同様に、構えずにできる仕組み、意志の力を必要としない仕組み作りが大切です。

†ポイント① 「セックスに至るまでの時間と関係の積み重ね」を重視せよ

以上のことを大前提として、初体験の際に知っておきたいポイントをお伝えします。

前述の通り、挿入の有無や可否は、童貞卒業には基本的に何の関係もありません。単純に、セックスの過程で、お互いが挿入したくなったら、その時にすればいいというだけの話です。何度でも繰り返しますが、「初夜から、いきなり挿入成功」というのは、まずありえません。

初回の段階では、お互いに、「セックスなんて、二度とやるもんか」というトラウマにならない、させないことが大切です。ここにおいても、完璧主義は厳禁です。はじめは、準備運動、もしくは練習試合だと思って、気楽に臨みましょう。

挿入自体が気持ち良くなくても、お互いに信頼関係があれば、セックスにおける、本来のメインディッシュである「二人で、裸で抱き合った」という事実を、きちんと楽しむことができます。

だからこそ、セックスに至るまでの時間と関係の積み重ねが重要なのです。これが無いと、初体験の場が、その後、一生尾を引きかねない、苦痛と後悔に満ちたトラウマ体験になりかねません。

その意味で、交際中の相手とセックスに進むのは、前述の統計データにもあった通り、最低三カ月~半年以上付き合ってからがベストです。期間を置くことで、初体験時にうまくいかなくても、それで関係が悪くなる確率を減らせます。大切なのは、焦らずに時間を味方につけることです。「初夜」ではなく、「初年度」という言葉を使っても良いくらいです。

特に、相手の女性が処女の場合、貫通まで、何カ月もかかったという話は、ザラにあります。つまり、初体験は、貫通までの数カ月、きちんと最後まで、信頼を持って付き合える人間関係を、お互いに築いてから行う必要があります。それによって、パートナーの選び方も変わってくるはずです。

そういう現実をふまえると、童貞卒業にあたって、行きずりで出会った相手や、お金で買った女性との短時間・単発だけの性体験は、全くプラスにはなりません。

初体験に対する認識を、一晩、一回で完了するものから、信頼できる特定の相手と、数カ月〜一年の時間をかけて、ゆっくり実施するものへと変えましょう。

†ポイント②世間の大多数の男子は「童貞」です。

あえて基準を設ければ、特定の相手と、最低三カ月間、お互いが満足する形でのセックスが実行できた時点が、童貞卒業の基準になります。

単に、異性との挿入行為を形式的に経験しただけでは「卒業」にはなりません。セックスを通して、相手を幸せにできる能力の獲得を達成して初めて、僕は童貞を卒業したと、胸を張って言えるようになります。その意味で、童貞を卒業できたかどうかは、「相手が決めること」です。

そう考えると、不特定多数の相手と、いくら数をこなしても、身体的にも精神的にも、童貞を卒業したことにはなり得ません。挿入ができても、射精まで到達しても、相手が素人であっても玄人であっても、本当の意味での「卒業」とは、一切無関係です。

また、いくら特定のパートナーがいても、お互いにセックスに満足していないのであれば、どれだけ長期間付き合っていたとしても、卒業にはなりません。そう考えると、世間の男子には、恋人や妻がいるにもかかわらず、未だに「童貞」である人が、かなりの割合で存在するのではないでしょうか?

†ポイント③避妊は必ず行う

わざわざ字数を割いて指摘するまでもありませんが、避妊＝コンドームの使用は必ず行いましょう。前述の「第五回男女の生活と意識に関する調査報告書」のデータを見ると、初体験の際は、六割以上の人（六五・九％）がきちんと避妊をしています。

ちなみに、初体験時の避妊方法は、コンドームの使用が圧倒的に多く（九二・九％）、膣外射精という間違った避妊方法を取っている人は、ごく少数派（五・六％）です。

初体験の際、約二割の人は、残念ながら避妊をしていません。避妊をしなかった理由としては、「避妊具が無かった」が最も多く、次いで、「自分の方から避妊を言い出せなかった」、「避妊についてよく知らなかった」、「妊娠しないと思った」が続きます。

本書を読んでいる方は、「避妊についてよく知らなかった」「妊娠しないと思った」という理由で避妊をしないことは、まず無いと思います。「避妊具が無かった」についても、交際中は常に財布にコンドームを入れておく、といった事前対策をしておけば、防ぐことができます。「備えあれば憂いなし」です。パートナーと交際を始めた時点で、近所のドラックストアで購入しておきましょう。

一番の問題は、「自分の方から避妊を言い出せなかった」というケースです。しかし、たとえ恋人関係であったとしても、避妊無しのセックスを相手に強要することは、性的暴力に該当します。

ここにおいても大切なことは、「僕らの性は、僕らが語る」＝避妊について、事前に相手ときちんと話し合うことです。前述の通り、コンドームの使用による避妊方法が主流の日本社会においては、避妊は一〇〇％男子の責任です。日本の人工妊娠中絶件数は、年々減少傾向にあるものの、未だ年間約二〇万件あります。この数字は、「僕らの避妊は、僕らが語る」を徹底すれば、確実に減らすことができるはずです。

†ポイント④セックスは、二人で作り上げるもの

セックスは、どちらかが一方的に与えるものではありません。どちらかに自信が無かったり、失敗してしまったとしても、お互いにフォローし合えばよいだけの話です。

その意味で、男子が陥りがちな「失敗したらどうしよう」「相手を満足させられなかったらどうしよう」という考えは、ひとりよがりの杞憂に過ぎません。セックスは共同作業、チームプレイなので、仮に失敗した場合でも、その責任は、パートナー双方にあります。

また、童貞を卒業した先輩男子たちの声として、「AVは、何の役にも立たない」「事前勉強も、あまり意味は無い」という意見をよく聞きます。映像や本で勉強することも大切ですが、まずは、目の前にいる生身の相手の意見や感想を聞くことを重視してください。

相手も、自分の身体のことが分からないのであれば、二人で、一緒に考えましょう。その上で書籍やDVDを参考にしてください。「自分が後悔しないセックス」も大切ですが、「相手に後悔されないセックス」も大切です。

後で振り返ってみれば、そういった努力自体が、二人の関係づくり＝「良い思い出」になっているはずです。人間関係とは、マニュアルや攻略本をなぞっていくものではなく、二人で作り上げていくものです。どちらか一方が勝手に頑張ったり、ハウツー本を読み漁ったり、勝手に盛り上がったり、勝手に気持ちよくなったりするためのものではありません。

ちなみに、身体的コンプレックスの問題＝「包茎」「性器が小さい」「歯並びが悪い」などは、それまでの関係の積み重ねがあれば、多くの場合、ほとんど相手は気にしません。大多数の女性は、男性の性器の大きさや形には全くこだわっていませんし、そもそも「包茎」という言葉自体を知らない女性も多いです。

初体験の終了後、ずっと自分がコンプレックスに感じてきたことが、相手にとっては、全く気にならないことだと分かって、大いなる脱力感と幸福感に包まれる人もいます。その意味でも、相手の身体を、上から目線で採点・批評しない関係を築いてから、セックスを行うことが、非常に大切です。

あくまで一般論ですが、女性は、最初のセックスの後、相手の男性に対する愛情が増幅される傾向にあります。「女性は、好きな相手とセックスをするのではなく、セックスした相手を好きになる」という格言もあります。あなたが男性の場合、初体験後に「下手なセックスをしてしまったなぁ……」「嫌われたんじゃないのだろうか」と落ち込んでいても、相手の女性側は、そうは思っていない場合もあります。

つまり、セックスの成否は、勝手に自己採点するものではなく、あくまで、相手のその後の反応、お互いのその後の関係によって、決まるものです。最後まで、「相手目線」を忘れないようにしましょう。

初体験は、単純な記号や神話に囚われがちな僕たち男子が、それらに還元できない複雑性や豊かさを持った生身の女子の肉体や感情と、文字通り裸で向き合わなければならない場です。セックスに対して、傍観者や消費者でもなく、誰もが一人の当事者にならざるを得ない瞬間、それが初体験です。

しかし、これまで本節で述べてきたポイントを忘れなければ、初体験の場は、結果の成否にかかわらず、僕たちの性を記号の牢獄や神話の呪縛から解放するため、そして、自らの性の語り手＝当事者としての自覚を持つための、絶好の機会になります。

記号に逃げず、神話に騙されず、当事者になることを恐れずに、相手の性、そして自分の性と、裸で向き合い、裸で語り合いましょう。そうすれば、この社会で生きていく上で、最も大切な資産＝かけがえのない相手との身体的・精神的な絆をつくることができるはずです。

性風俗 「利用するもの」ではなく「反面教師にして学ぶもの」

二〇一三年七月二八日、新宿・歌舞伎町にて、これからのセックスワーク（性風俗産業）の在り方を考えるイベント「セックスワーク・サミット二〇一三@歌舞伎町」（主宰・一般社団法人ホワイトハンズ）を開催しました。

サミットのテーマは、「セックスワークで食う」です。前述の通り、かつて、短期間で高収入を稼げる仕事の代名詞であったセックスワークの世界は、店舗過剰による価格競争の激化と、女性の供給過剰に伴う裸やセックスのデフレ化が進行している中、今や、完全に「食えない」仕事、多くの女性にとって、普通の仕事やアルバイト並み、あるいはそれ以下の収入しか得られない仕事になっています。

こうした状況下で、「食う」ことを実現するために、どのようなノウハウやスキル、業界の改革が必要になるのかを、風俗嬢支援団体のSWASH代表の要友紀子さんと、『職業としてのAV女優』（二〇一二年、幻冬舎新書）の著者であるライターの中村淳彦さんをゲストにお招きして、約三時間半にわたって議論しました。

「セックスワーク・サミット」の様子

今の僕たちの社会は、性風俗産業に一定のお金さえ支払えば、いつでも女性とセックスをすることのできる社会です。さらに、女性の裸やセックスのデフレ化が進む中、昔と比べて、かなり安い料金（一回一万円台後半〜二万円前後）でセックスをすることができるようになっています。

しかし、そういった夢のような仕組みの舞台裏には、様々な社会問題が、幾重にも積み重なっています。

本節では、男子であれば、多かれ少なかれ興味があるであろう、性風俗の世界との付き合い方を解説します。性風俗の世界は、まさに、記号にまみれたジャンクヌードが売り買いされている「記号社会の縮図」です。実際に性風俗を利用しなくても、性風俗の世界の現状と、問題解決策を考えることは、セクシュアル・リテラシーを身につけるための、優れた教材になります。

†【歴史】性風俗って、どうして生まれたの？　そもそも、何をするところなの？

性風俗とは、業態にもよりますが、簡単に言えば、初対面の女性が、自分の目の前で全裸になって、乳房やお尻を自由に触らせてくれたり、自分の性器や肛門を、口や舌で舐めてくれるサービスです。

女性目線で言い換えれば、初対面の男性の目の前で全裸になって、自分の全身を相手の思い通りに触らせながら、相手の（不衛生な）性器や肛門を、口や舌で舐めなければならない仕事です。

サービスのオプションには、口内発射（女性の口の中に射精すること）や、即尺（対面後、シャワーを浴びないでいきなりフェラチオ）、肛門性交（アナルセックス）などがあります。

そもそも、性風俗は、戦後、公娼制度の廃止や売春防止法の制定によって、女性器への挿入行為＝セックスをサービスとして提供することが法律で禁止されたことに伴い、「セックスを行わない性サービス」として、法の網の目をくぐり抜ける形で、誕生しました。

性風俗では、原則として、サービス中に女性とセックスをすることはできません。しかし、ソープランドなどの一部の業態や、営業地域によっては、セックスが完全に黙認されているところもあります。

多くの性風俗店では、「素人女性」との恋愛気分を味わえる性的サービスを売りにしています。しかし、性風俗店で働く女性の大半は、「素人女性」ではなく、多かれ少なかれ、高校中退・多重債務・離婚・母子家庭・性的虐待・DV・発達障害・軽度知的障害・精神障害・病気・自傷などの経験を持っている「事情のある女性」であり、客観的に見れば、恋愛気分どころではない人たちも、少なくありません。

†「分かりにくい弱者」の集う世界

現在の性風俗の世界で働く女性の中では、強制労働や人身売買の犠牲者といった「分かりやすい弱者」は、決して多数派ではありません。

大多数を占めるのは、「分かりにくい弱者」です。前述のような事情をいくつか抱えているが、お金や仕事が無いわけではなく、福祉の対象にはなりにくい。外見は人並みもしくは派手目で、普通にSNSやスマホを使いこなしている。将来への貯金や、美容整形や脂肪吸引の資金稼ぎ、あるいは、彼氏の借金返済やホストの支払いのために、自分の意志と自己責任で、誰からも強制されずにやっているんだけれども、決してやりたくてやっているわけではない。専業ではなく、兼業でやっている場合も多いので、特に仕事に誇りを持っているわけでもない。勤勉でマジメというわけでもなく、それなりに怠惰で自分勝手……という女性像です。

性風俗で働き始めた理由に関しても、単純に、そこに、性風俗という手段があったからと答える人が多いです。

たまたま、お金が必要な時期に、知り合いからの紹介やスカウト、それに性的な好奇心が重なって、働くようになった。それ以上でも、それ以下でもない。未成年の飲酒や喫煙、ゲームやスマホ依存と同じく、きっかけは、周囲の人間関係と生活環境です。

性風俗に関しては、そこで働いている女性が、自由意思で働いているのか、それとも強制労働なのかが問題にされがちですが、それは、二四時間スマホをいじっている女子高生に「自由意思なの？」「強制されているの？」と問うことと同じくらい、ナンセンスです。問題は、彼女個人ではなく、彼女を取り巻く人間関係と社会環境の側にあるのですから。

メディアが性風俗を取り上げる場合、どうしても、性風俗で働いている女性を特別視したり、彼女たちの働く動機を、根掘り葉掘り聞き出したがる傾向にありますが、多くの場合、そこには、メディア受けするような分かりやすい物語はありません。他の仕事と同様、お金と生活、個人的な欲望や人間関係に基づいた、それぞれの事情があるだけです。

また、性風俗業界で働いている男性も、女性を搾取する暴力団や犯罪者といった分かりやすい存在だけではありません。不況の煽りで本業がダメになった飲食業や配達業等の零細自営業者や、タクシーや長距離トラックの運転手、ITバブル崩壊で食い扶持の無くなったインターネット関連の中小企業経営者、障害や病気のためにフルタイムの仕事に就けなくなった中高年男性といった「分かりにくい弱者」が、数多く参入しています。

性風俗業界は、その誕生時から、行政の福祉からこぼれ落ちてしまう「分かりにくい弱者」のための、経済的なセーフティネットとして、機能してきました。

性的なサービスを提供する仕事＝セックスワークは、いついかなる時代・条件下でも悪になる、というわけではありません。強制労働を無くして自由意思による参加のみにし、女性と男性客双方への教育、性病予防の衛生管理を徹底した上で、サービス内容と理念を明確にして、文化的な意匠をまとわせれば、セックスワークは、社会性のあるサービスになり得ます。

事実、シングルマザーなどの、社会的に困窮した立場にいる女性のセーフティネットとして性風俗店を経営していることを公言している女性経営者もいます（長谷川 華「シングルマザー救済！ 託児所完備デリヘルを作った理由」婦人公論二〇一三年六月二二日号）。

†性風俗の現状①「管理」も「文化」も消滅した、痛々しいベタの世界

しかし、現在の性風俗は、社会性のあるサービスとしてはもちろん、「分かりにくい弱者」のためのセーフティネットとしても、十分に機能していません。

江戸時代には、幕府が営業を「管理」する公娼制度＝遊郭が存在していました。遊郭のトップスターである花魁と付き合うことは、男性にとっての社会的なステータスになりました。遊郭の存在自体が、公の場で語りうる「文化」として成立していた時代があったのです。一方、遊郭は、若年男性の筆おろし＝童貞卒業のための学校として活用されることもありました。

もちろん、江戸時代の遊郭は、生活苦や借金のために、農村から身売りされた少女の集まる「苦界」と呼ばれていた人身売買の場でもあったので、一概に賛美することはできません。

時代の変遷とともに、遊郭文化は廃れ、社会の民主化の流れの中で、女性の身体をお金

で買うことは、大人の男の「文化」ではなく、単なる「人身売買」「女性の人権を踏みにじる行為」である、という社会認識に変化しました。さらに、戦後は、公娼制度の廃止により、行政による営業や衛生面での「管理」も行われなくなりました。

セックスワークを社会性のある方向に走らせるための「管理」と「文化」という両輪が壊れてしまったため、現在の性風俗の世界は、市場原理だけに支配された、素人信仰や恋人プレイ、激安化による生本番競争の蔓延する、痛々しいベタの世界に突入しています。

性風俗のユーザーには、「ムードが壊れる」「感度が鈍る」という理由で、コンドームの着用を嫌がる人が多いです。しかし、日本のコンドーム品質＝薄さと強度の技術は世界トップであり、着用したからといって感度が鈍るようなことは、ほとんどありません。そして、言うまでも無く、衛生的に考えれば、コンドームを着用せずにサービスを受けることは、自殺行為以外の何物でもありません。

自分が性病に感染するリスク、あるいは相手の女性を感染させるリスクよりも、恋人気分だの素人気分だのといった、幼稚なファンタジーの維持を最優先に考えてしまう、救いがたい男性客。

そして、今の性風俗業界自体が、そういった男性客の無知や幼児性に依存しなければ

（＝コンドームを着用しない「生サービス」を売りにしなければ）、そもそも集客ができず、利益を出せない仕組みになっています。

店舗側に、女性の教育や労働環境の保護のために費やせる時間やお金の余裕が無いため、多くのデリバリーヘルスでは、「事前講習無し」「性病対策なし」「派遣先男性客の身元確認なし」「場合によっては送迎もなし（電車か徒歩で、自宅から客の待つ駅前やホテルまで行かされる）」といった、最低レベルの衛生管理も危機管理もほとんどなされない状態で、女性が派遣・売買されています。

僕たちがレンタルDVDを借りる際には、身分証明証の提示と利用規約への同意が必要です。しかし、性風俗の世界では、生身の女性の身体がDVD以下の条件でレンタルされており、そのことを誰も疑問に思わないという現実があります。

さらに、そうしたハイリスクな環境下で働くことを、「そうした方が指名を取れる＝稼げるから」「今の自分の年齢や容姿では、そこまでしないと稼げないから」という理由で、女性の側が積極的に望んでいる場合もあります。また、店舗側も、「そうした方が、お金に困っている女の子たちに、より多くの客をつけられる＝稼いでもらえるから」という、完全なる善意（！）に基づいて、サービスの過激化やハイリスク化を推し進めている、という事実が、問題をさらに複雑化しています。

インターネット経由の集客が主流になっている現在、店舗のホームページや風俗情報サイトに、女性が顔出しの写真や動画を載せることは、指名数のアップにつながります。しかし、言うまでも無いことですが、一度ネット上にそういった画像や動画が流出してしまうと、後から全て削除することは、ほぼ不可能です。つまり、風俗嬢として働いていた証拠が、半永久的に、いつでも・どこでも・誰からでも閲覧可能な形で残ってしまう。これは、性風俗の仕事を辞めた後の社会生活において、取り返しのつかないリスクです。

目先のほんの数万円（場合によっては数千円程度）の掲載料やボーナスと引き換えに、その後の人生で、大きな爆弾を抱え込みながら生きる羽目になってしまう。にもかかわらず、そういったハイリスクな選択をする女性、それを善意に基づいて後押しする店舗は、後を絶ちません。その意味で、「風俗産業が女性を搾取している」という一面的な見方は、完全に誤りです。そう、地獄への道は、搾取を目的とした悪意ではなく、完全なる善意で舗装されているのですから。

†風俗嬢は、処女であってほしい？

二〇一三年三月の「セックスワーク・サミット二〇一三@渋谷」では、デリヘル嬢を主人公にした漫画『デリバリーシンデレラ』作者のNONさんをゲストにお招きしました。その際、NONさんがお話ししてくださったエピソードの中で印象的だったことが、主人公の女性の「処女性」をめぐる、編集者とのバトルです。

担当の編集者は、作品のストーリーをつくるにあたって、青年誌の作品にはヒロインは、誰かのものになってはいけないという不文律があるので、主人公は「処女のままデリヘルで働いている」という設定にすべき、という主張をしたそうです。いかにも、男性読者、そして性風俗ユーザーが喜びそうな設定ですね。

しかし、NONさんは、「リアルな女の子なんだから、そんなのはありえない！」「描くのは私ですから」とゴリ押しして、編集者の意見をどうにかはねのけた、とのこと。それでも、編集者は、最後まで「処女のままでいるべきでは」と言っていたそうです。

アイドルだけでなく、二次元の世界のキャラクターであっても、なぜか、膜の有無＝処女か非処女かが話題になる。これは、僕たち男子が、女性に対して求めている条件の痛々しいまでのベタさが分かる、とても根の深い話です。

†性風俗の現状②性風俗の「真の顧客」は、一般の男性客ではない

僕たちが、客として性風俗店を利用する場合は、何の信頼関係も無い初対面の女性の前で、心身ともにいきなり無防備な状態＝裸にならなくてはいけないリスクや、前述の「生サービス」「即尺」を含め、性病に感染する恐れのある、不衛生なサービスを受けてしまうリスクがあります。

また、派遣型のサービスを自宅に呼ぶ場合、住所や携帯番号などの個人情報を知られるリスク、盗難や恐喝に遭うリスク、知らず知らずのうちに、派遣型性風俗店を装った違法な管理売春組織と関わることで、人身売買や性的虐待、未成年買春に加担してしまうリスクがあります。派遣型の店舗は、店舗の住所や経営者の実名を公開せずに、匿名で営業しているため、トラブルが起こった場合、簡単に逃げられてしまい、責任を追及することもできません。

倫理的な問題を脇に置いても、現在の性風俗業界でスタンダードになっているサービス内容を冷静に吟味すれば、常識ある大半の男子は「そんな不衛生で危険なサービスを、わざわざ大金を払ってまで受けたくはないよ」「不幸な女性相手に恋愛ごっこをして、何が

楽しいの？」「口内発射だの、即尺だのなんて、ファンタジーでも何でもない、単なる女性に対する性的虐待じゃないか」と思うはずです。

そう、実は、性風俗の「真の顧客」は、僕たち男子＝一般の男性客ではありません。

二〇一一年七月に、「デリヘル王」と呼ばれていた経営者が、デリヘルを偽装して店舗型の営業をしていたとして、摘発される事件が起こりました。

【「デリヘル王」摘発事件】

デリヘルを全国で六二店舗経営し、業界内で「デリヘル王」として知られていた、韓国籍で都内に住むコンサルタント会社社長の男（四七）が、デリヘルを偽装して禁止地域で個室風俗店を経営していたとして、警視庁保安課に、風営法違反容疑で逮捕された。

逮捕容疑は、風俗営業が禁止されている品川区東五反田の雑居ビル内で個室マッサージ店を営み、男性客を相手に、女性従業員に性的マッサージをさせたなどとしている。

捜査関係者によると、男は、慶応大学経済学部を卒業し、信用金庫で働いていた。

その後、退職して家庭教師などの職を転々とし、三〇代後半で、横浜市内でデリヘル経営を開始。

このデリヘルが成功し、東京都内に進出。同時に、「コンサル面からも風俗の営業に携わりたい」と風俗営業のコンサルタント会社を立ち上げ、風俗店を総合的にプロデュースするために、次々と関連会社を設立。インターネットのホームページを制作するウェブ会社、風俗嬢や社員を教育し派遣する人材派遣会社、風俗店の宣伝をする広告宣伝会社、ホテルの清掃会社など、立ち上げた会社は三〇法人以上に上った。

成功の影で、二〇〇八年ごろから、違法な偽装デリヘルの営業も始められていた。同年9月、今回摘発された東五反田の店を開店、翌年には、新橋にも次々と同じような店を開いた。

「デリヘルはコストがかかる。実質的に店舗型にして、より高い利益を上げようとしていたのではないか」。ある捜査関係者は、こう推測する。

ホテルなどにデリヘル嬢を派遣する「本来の」デリヘルでは、デリヘル嬢を送り迎えする必要があるため、運賃や運転手の人件費がかかってしまう。男性客とデリヘル嬢との間でトラブルが起きた場合も、処理が難しい。店舗型のほうが経営コストは低くすむが、営業禁止地域が多いため、簡単に開店できない。結局、行き着いたのは偽装デリヘルだった。

男は調べに対して容疑を認め、同年八月、風営法違反の罪で略式起訴された。

（MSN産経ニュース「フェラーリ、高級マンション……摘発されたデリヘル王のセレブ生活と〝偽装〟」二〇一一年八月一三日より、一部を編集して引用）

この事件で明るみに出たのは、性風俗サービスの営業自体ではまともに利益を上げることができないため、知恵の働く業者は、フランチャイズ商法、広告代理店商法、ウェブサイト構築、SEO支援やコンサル・研修といった「開業支援」「営業支援」商法＝何も知らない新規参入者や、同業者をカモにして稼ぐ「共食い」に走る、という事実です。

さらに、その共食いでも満足に稼げなくなった業者は、レンタルルーム等を使った、違法な「偽装デリヘル」（疑似店舗型：風営適正化法で禁止されている、営業禁止地域での営業に該当）、あるいは、出会い系サイトを使った援デリ（素人女性の援助交際を装って、デリヘル嬢を派遣する裏ビジネス）に手を出します。

実際、性風俗店を利用する男性の中には、一般客だけでなく、そこで働いている女性を引き抜くために通っている同業者＝経営者やスカウトマンが、かなりの割合で混じっています。店舗によっては、引き抜き目的のスカウトマンしか来ない同業者専門店もあるそうです。

多くの性風俗店が、一般の男性であれば、まず利用しないような営業形態、嫌悪感を催すような売り文句を使って営業しているのは、そのためです。性風俗の世界は、同業者同士で利用し合ったり、引き抜きあったりしている、閉じた空間だと言えるでしょう。

同様のことは、働く女性にも言えます。最近の性風俗の求人広告を見ると、「四〇代、五〇代の女性歓迎！」というコピーが数多くみられます。この背景には、性風俗市場自体が高齢化し、新規の男性客も女性もなかなか入ってこなくなったため、過去に性風俗の仕事や援助交際をしていた中年女性を、再びこの業界に呼び戻して働いてもらおう、という経営者側の狙いと、客層の高齢化に伴い、同世代の四〇～五〇代の女性に対するニーズが高まってきた、という事情があります。

ここにおいても、性風俗の世界が、同じ客層と女性層が、定期的・断続的にグルグル回っているだけの閉じた空間であることが分かります。

以上のように、性風俗産業には一般の男性客に対して、性的サービスを提供するビジネスという単純な側面だけでなく、閉じた空間の中で、同業者同士が騙し合ったり、限られた男性客や女性を奪い合うことで、どうにか食いつなごうとしているという側面があります。その意味で、性風俗の世界における「真の顧客」は、「同業者」です。

同業者同士が騙し合い、奪い合うことが、そもそもの存在目的となっている世界なので、現在の性風俗産業の大半は、一般の男性が利用したくなるような、まともなサービス業としては、全く成立していません。

✝HIV（エイズウイルス）よりも恐ろしいものとは？

こうした現状のため、僕たちが性風俗の世界に関わることは、大きなリスクが伴います。

性風俗のリスクというと、「HIV（エイズウイルス）」というイメージが、真っ先に頭に浮かぶ人も多いかもしれません。HIVは、メディアや性教育の場で頻繁に取り上げられるため、コンドームを着けずにセックスをしてしまうと、一発でHIVに感染してしまうと信じている男子も少なくないと思います。

たった一度だけ、行きずりの相手とコンドームを着けずにセックスをしてしまったことを気に病んで、その後、何年にもわたって、HIVに感染していたらどうしようという

「エイズ恐怖」に苦しめられてしまう人もいます。

しかし、ＨＩＶの恐ろしさを過剰に訴えることで、若者への性教育の手段にしたいと考えている性教育・行政関係者にとっては不都合かもしれませんが、ＨＩＶ自体は、極めて感染しにくいウイルスです。仮に、ＨＩＶに感染している相手と、コンドームを着けずにセックスをしたとしても、感染する確率は、〇・一%〜一%以下です。その相手と結婚して、毎週二回セックスをするとしても、感染までには、数年〜一〇年近くかかる計算になります。

もちろん、ＨＩＶは重要な問題ですが、Ｂ型肝炎（感染力が強く、急性肝炎や劇症肝炎を発症するリスクが生じる。感染しても治らない「慢性型」も増えている）や、性器ヘルペス（あらゆる性行為で感染し、一度感染したら一生ウイルスが消えず、再発を繰り返す）などのように、より厄介な性感染症もあります。

そして、現実的に見れば、性風俗の世界に関わることによって生じるリスクの中には、性感染症よりもはるかに危険で、僕たちの恋愛観や将来の人間関係に、致命的な影響を及ぼすものがあります。以下、その点を踏まえて、僕たちが性風俗の世界から学ぶべき教訓を解説します。

†教訓①人間関係を「労働」「お金」に変えてはいけない

性風俗は、突き詰めると、プライベートな人間関係をお金で売り買いする場です。通常、僕たちが女性と恋愛関係や肉体関係を築くためには、一定の時間と労力を費やして、その女性との人間関係を構築する必要があります。

しかし、性風俗のサービスを利用すれば、そういった努力を全てスルーして、「彼女とのラブラブな雰囲気」や「セックス」という、美味しいところだけを、ピンポイントでつまみ食いすることができます。

また、売る側の女性にとっても、自らのプライベートな人間関係に値段をつけて、「モノ」として売ることで、過去の人間関係におけるトラウマや、自意識の呪縛から逃れられる解放感を味わうことができる場合もあります。

僕が性風俗の世界に興味を持ったきっかけの一つは、この点にあります。大学時代に専攻していた社会学のゼミ研究では、歌舞伎町や渋谷、池袋の性風俗店で働く女性や男性客に対する調査をテーマに選びました。

その背景には、前述の通り、僕自身も、高校時代に人間関係の問題で苦しんだ経験があったので、プライベートな人間関係そのものを売買すること＝入れ替え可能な「モノ」になることが、ある種の男女にとっての「救い」として機能しうるのでは、という仮説を分析してみたい、というモチベーションが少なからずありました。

しかし、プライベートな人間関係を、「管理」と「文化」といった緩衝材の無い状態で、ダイレクトに切り売り＝労働やお金に換えてしまうことは、買う側・売る側双方に、大きな副作用をもたらします。

性風俗などの夜の世界で、不特定多数の相手と性的な関係を持つことは、普段の生活では味わえない、強烈な肉体的刺激や、精神的な解放感をもたらします。また、日常生活では決して会えないような多様な履歴、強烈な個性を持つ人たちにも、夜の世界では、容易に会うことができます。セックスの刺激の強さ、人間関係の刺激の強さの総量が、日常とは桁違いになるわけです。

それと同時に、最初は、刺激の強さに夢中になっていても、関係する人数が増えるにしたがって、「誰とやっても同じ」「どの女も（男も）同じじゃないか」という慣れ、すなわち相対化が生じます。こうした相対化に伴う異性観、セックス観の変化は、不可逆的なものです。いったんそうなってしまったら、まず元には戻りません。

相手との人間関係を構築する手間暇を全てスルーして、いきなり、カラダ目当てのセックスをしてしまうがゆえに、そこから、長期的な関係に発展させることができなくなってしまう。体験人数が過剰に増えてしまったため、特定の相手とのセックスを「特別」だと思うことが難しくなる。その一方で、夜の世界の刺激の強さに慣れてしまったために、今更、刺激の無い「昼の世界」＝表社会で、人間関係を作ることもできない。結果として、より強い刺激を求めて、ますます夜の世界にのめり込む……という悪循環。これを、「夜の世界に、魂を喰われる」と表現します。

一度、夜の世界に魂を喰われてしまうと、喰われた部分を全て取り戻すことは、ほぼ不可能です。大学のゼミ研究の過程で、都内の高級ホテルで乱交パーティを主宰している団体を取材したことがあったのですが、その時、パーティに参加していた五〇代くらいの男性に、「若いうちからこんなところに来ていると、結婚できなくなるぞ」と冗談半分に脅されたことがありました。

そう、簡単に言えば、性をお金で売り買いすることの最大の副作用は、「結婚できなくなること」＝特定の相手と、長期的な人間関係（＝絆！）を育む動機づけが、根こそぎ奪われてしまうことにあります。

†「サービスだと感じられないようなサービス」を求める理由

夜の世界に魂を喰われた男たちは、自らの魂の欠落を埋めるために、性風俗に対して、一見矛盾した、奇妙なサービスを求めるようになります。

本来であれば、性風俗はプライベートな人間関係ではなく、サービスを売る場です。性に関する専門知識と技術を身につけた女性が、サービスの提供によって、男性客の抱えている性的な問題を解決する、という形が理想的です。しかし、現在は、仮にサービスを売ったとしても、男性客が集まりません。

デリヘルで働く女性は、口をそろえて、「サービスをやると、お客が嫌がる」「サービスっぽくならないように接客するのが、サービスです」と語ります。性風俗に通う男性客が求めているのは、間違ってもサービスなどではなく、「自分に個人的な恋愛感情を寄せてくれる女性」なのですから！

さらに言えば、男性が最も求めるサービスは、「店外デート」です。すなわち、風俗嬢と個人的に仲良くなって、店外で会って、無料でセックスをしたい。そのために、多額のお金をつぎ込んでいる、という人もいます。女性から見れば、「性風俗店にお金を払わなければ、女性と会話もセックスも満足にできないような男と、恋愛なんて、できるわけないじゃん」「お金を払って、私にペニスを咥えさせて喜んでいるあなたと、友達や恋人になれるわけないでしょう」と思われるだけですが。

そもそも、なぜ性風俗に通う男性が、素人性や処女性、店外デートといった、「サービスだと感じられないようなサービス」という矛盾したことを求めてやまないのかというと、その背景には、プライベートでの人間関係の貧しさがあります。人間関係を築く動機もスキルもなく、家庭や地域、学校や職場といった社会的ネットワークの中で孤立しているがゆえに、人間関係をお金で売り買いするしかない。彼らもまた、「分かりにくい弱者」です。

しかし、何度でも繰り返しますが、人間関係は、「切り売り」「美味しいところだけのつまみ食い」は、絶対にできません。仮に、やったとしても、海水を飲み続けるようなもので、決して渇きは癒えないでしょう。

今も昔も、水商売や性風俗など、恋愛やセックスをはじめとするプライベートな人間関係を売り買いする世界は、多くの男女を惹きつけてやみません。

しかし、性を売り買いすることを、何らかの特別な価値がある行為とみなすのは、性が特権化された近代社会特有の「病」に過ぎません。隠されているから、価値があるように見えるだけであって、その中身は、何もありません。

†教訓②エンタメという名の、男性の「罪悪感を消す仕組み」に敏感になろう！

まともな感覚を持った男性であれば、人間関係やセックスの売り買いには、必ず、罪悪感や劣等感が伴います。サービスを利用して、お金を払った後に、「お金を払わなければ、女の子と会話できない僕って、一体……」「僕のような男は、お金を払わなければ、一生誰ともセックスができないのか」と、強烈な虚しさや寂しさに襲われます。

そのため、性風俗には、男性客に、人間関係やセックスを売り買いしているという罪悪感・劣等感を感じさせないための仕組みがあります。それが、「エンタメ」という名のフィクションです。

社会の中で人間関係を作れず孤立している男性が利用者の大半を占める現状では、性風俗店は、本来であれば、「性的弱者の男性を救済するための恋愛とセックスのトレーニングジムです」というセールストークを前面に出して、営業する必要があります。

しかし、それでは男性客が来ない。前述の通り、性風俗を利用している男性の多くは、性的弱者・人間関係弱者ですが、弱者であればあるほど、自分が弱者であるとカテゴライズされることを、極端に嫌がります。また、目の前にいる女性が社会的弱者であることを意識してしまうと、罪悪感で萎縮してしまい、勃たなくなってしまうリスクもあります。

それゆえに、「淫乱若妻！」「ドスケベ！」「痴女！」といった、性欲の強い女性が、自ら望んで働いています、という売り文句で、男性客の劣等感や罪悪感を隠すしかない。そして、それを真に受ける鈍感な男性が来店してしまう、という悲劇の上塗りが繰り返されるわけです。

以前、ウェブ上でコラムを執筆していた性風俗店の経営者の方がいたのですが、そのコラムが、よくある若者向けの恋愛・セックス相談のような趣旨の企画だったので、せっかく、滅多に人前に出てこない性風俗店の経営者にコラムを書いてもらうのだから、そんな誰にでも書けるようなベタなコラムではなくて、もっと社会性のあることを書いてもらってはどうかと、掲載媒体に対して、ツイッターで苦情を呟いたことがありました。

すると、その経営者の方から、「いや、風俗は、結局エンタメですから！」というリプライが返ってきて、「ああ、やっぱりそうなんだよなぁ」と、残念な気分になったことがありました。

性風俗の経営に関わっている人に対して、女性の労働環境の問題や、男性客への教育の問題に言及して、不衛生なサービス内容の改善や、女性の労働環境の改善を促しても、「いや、風俗は、結局エンタメですから」の一言で、逃げられてしまいます。

自らの働く動機を饒舌に語るAV女優の姿を分析した名著『「AV女優」の社会学 なぜ彼女たちは饒舌に自らを語るのか』（鈴木涼美、青土社）にも、製作の現場で、AVが「エンターテインメント産業」であり、プロダクションやメーカーの人間が作り出す業界の雰囲気やシステムによって、AVのエンタメ性がことさらに強調されている模様が、詳細に記されています。

「エンタメ」という言い訳、隠れ蓑があれば、娯楽性以外の問題（作品の社会性や法律・衛生問題）は真面目に考えなくて済む、と思っているのでしょう。

しかし、現行の性風俗やAVレベルの、記号まみれの代物が「エンタメ」と呼ばれ、享受され続けてきたこと自体に、僕たちの性文化の、大いなる貧困が垣間見えます。

†【結論】僕たちの性生活に、性風俗は一切不要

セックスワークがその社会的機能を果たすためには、社会的ネットワークから疎外され

た男女の救済、及びセックス初心者向けの教育を目的とした「学校化」と、過去の遊郭にあったような、女性・男性客双方に、相応の文化的教養と礼儀作法を要求する、ハイクオリティな疑似恋愛サービスになること＝「再花魁化」の道しかありません。

現在のように、同業者間での奪い合いや騙し合い、終わりの無いセックスの安売り合戦、生本番競争を繰り返しているだけでは、遅かれ早かれ、業界全体が、社会的に潰されてしまうでしょう。そうなってしまえば、「エンタメ」も「セーフティネット」もクソもありません。全員がもれなく路頭に迷っておしまい、です。

ホワイトハンズの主宰する「セックスワーク・サミット」では、そういった論点を含めて、セックスワークの社会化のための方法を議論しています。しかし、現時点では、それらはまだ議論段階に過ぎず、実践の段階には入っていません。

よって、現時点では、僕たちの性生活に、性風俗は、一切不要です。仮に利用したとしても、同業者間での不毛な奪い合いや騙し合いに巻き込まれるだけ、夜の世界に魂を喰われるだけであり、何のメリットもありません。

また、店側の用意した不衛生かつ非人道的なオプションサービス（口内発射、肛門性交、生オーラル等）を、何も考えずに利用することは、それ自体が性的虐待であり、相手の女性、そして自分自身の性に関する尊厳を傷つけるだけです。

性風俗の世界は、僕たちが、かくも貧困な人間関係、性文化、性生活を送っていたことを、鏡として映し出しています。その意味で、利用するのではなく、反面教師にすべき世界です。

次節では、こうした性風俗の世界を反面教師にする形で、結婚生活の中で、特定のパートナーと豊かな性生活を送るための処方箋を、解説します。

結婚 時間を「敵」ではなく「味方」にせよ

結婚生活は、性生活における一つのゴールであり、「結婚した上でのセックス」は、社会通念上、最も望ましい形のセックスである、とされています。

しかし、「最も望ましい」とされているにもかかわらず、結婚後の性生活をいかに充実させるかという問いに関しては、具体的な答えを誰も教えてくれない、という矛盾があります。

今の世の中に、これだけジャンクヌード、性の記号消費、セックスレスが蔓延しているのは、結婚している夫婦間における、貧しい性生活が原因の一つです。夫婦間の性生活が貧しくなる理由は、必ずしも夫婦仲の良し悪しだけでは説明できません。

そこで、本節では、「特定のパートナーと、定期的にセックスをするということは、どのようなことなのか」「どのような効用、そして難点があるのか」という、これまできちんと考えられていなかった基本事項を再考した上で、僕たちが結婚後の性生活を充実させるための処方箋を提示します。

†【歴史と現状】結婚が完全に相対化された社会

まず、結婚という制度が置かれている現状、その歴史的背景を簡単に確認しましょう。

これまで、特定の異性と、社会的に認められる絆を作る手段は、結婚しかありませんでした。結婚することで、相手とのセックスが公認され、法律的な保護を受けることができたわけです。

しかし、社会の多様化が進むにつれて、結婚しなくても、恋愛の過程で、自然に異性と性的関係を結べるようになったり、結婚による法的な保護を受けなくても、経済的に生き

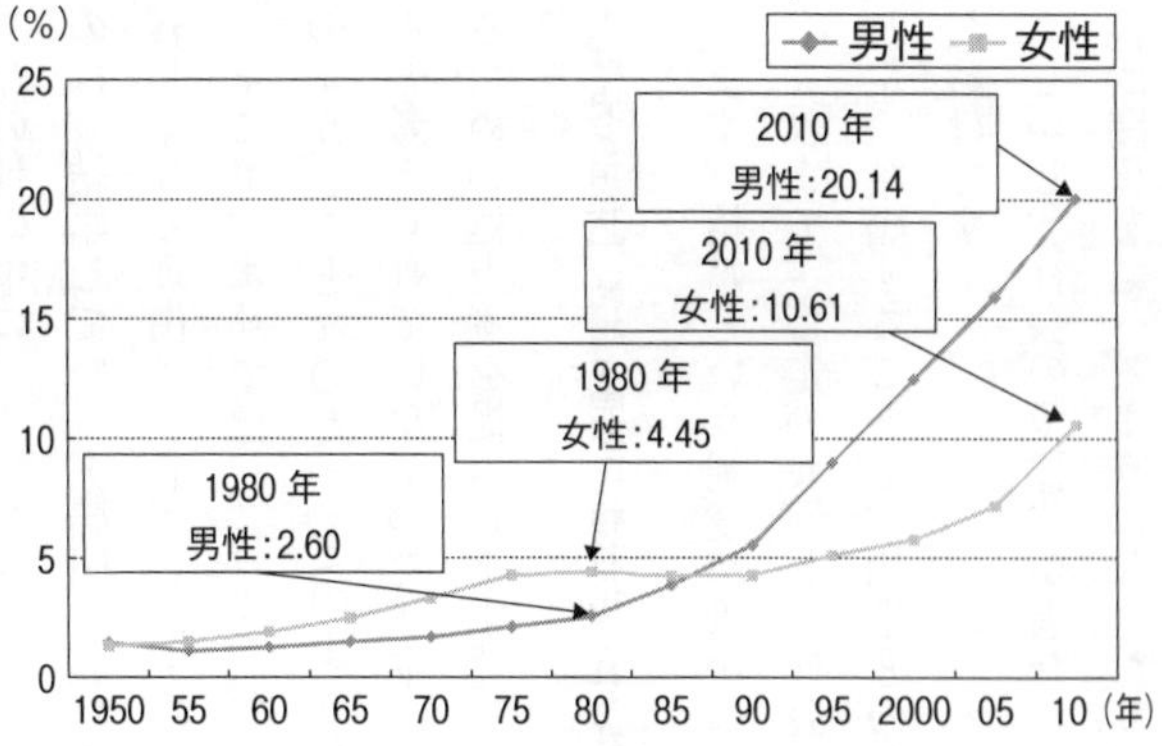

生涯未婚率

出典：国立社会保障・人口問題研究所「人口統計資料集（2012年版）」
注：生涯未婚率は、45〜49歳と50〜54歳未婚率の平均値であり、50歳時の未婚率。

ていけるようになりました。既婚であることや、未婚（もしくは離婚経験者）であることが、本人の社会的評価に影響を与えるようなことも、少なくなりました。

その結果として、結婚の価値や魅力が、相対的に低下しています。それに比例して、結婚に動機づけられる人も減り、晩婚化・未婚化が年々進展している状況にあります。統計的にも、未婚率は大きく上昇しています。国勢調査による生涯未婚率（五〇歳の時点で、一度も結婚していない人の割合）は、一九七〇年は、男性一・七%、女性三・三%でしたが、二〇一〇年には、男性二〇・一%、女性一〇・六%になっています。

僕の出身地は新潟ですが、新潟での同窓会

（小学校）と、東京での同窓会（大学）には、大きな違いがあります。新潟では、未婚者は既婚者から「なんで結婚しないの？」と聞かれますが、東京では、逆に、既婚者が未婚者から「なんで結婚するの？」と聞かれます。

つまり、地方では、結婚は「いちいち自分で考えるまでも無く、一定の年齢になれば、みんなが当たり前にやること」＝無意識の選択になっているのですが、都市部では、「自分の頭で考えて、するかしないかを決めること」＝個人の意識的な選択になっているわけです。

これは、選択に失敗しても、全て自己責任になり、誰にも責任を転嫁できないので、ある意味では不幸な世界です。選択肢が多すぎるあまり、どれを選んだらよいかが分からなくなり、結果的に全選択に失敗する、という結末も起こり得ます。

†「結婚後の、幸せな性生活」のモデルケースが無い！

結婚制度が相対化され、結婚幻想の寿命が切れつつある社会状況の中で、僕たちは、結婚後の幸せな性生活のモデルケースを学ぶ機会が、ほとんどありません。

「障害者の性」問題に関わっている中で、妻とのセックスレスに悩む男性障害者の方に、会う機会がありません。恋愛やセックスの機会になかなか恵まれない障害者の中には、「結婚によって救われたい!」「結婚さえすれば、自分は幸せになれるはず」といった結婚願望に囚われている人は、大勢います。

しかし、いざ結婚してみると、あれほど熱望していたセックスはうまく行かず、気がついたら、妻とは、いつのまにかセックスレスの状態になってしまっている。

障害者=性的弱者という固定観念があるため、メディアで取り上げられることはほとんどありませんが、「障害者の性」問題に関しては、「恋愛や結婚の相手が見つからないので、セックスできない」ということよりも、「恋愛や結婚をした後に、セックスがうまくいかない」というセックスレス問題の方が、実は、より深刻な状況にある気がします。

その意味で、健常者にとっても、障害者にとっても、真の問題は「結婚した後」です。セックスレスをはじめ、結婚生活の最中において、男性がぶつかる性的トラブルは、解決のための選択肢が、極めて貧困です。多くの場合、男性側が選ぶことのできる選択肢は、「不倫や浮気」「性風俗」「買春」といったものしかありません。

昔は、そもそも結婚以外の選択肢が無く、結婚自体がゴールと考えられていたために、「結婚は、お互いの努力ではじめて成り立つもの」という認識が根付かずに、「結婚さえすれば、全ては自動的にうまくいく」という思い込みが浸透してしまったものと考えられます。

「特定のパートナーと、定期的にセックスすること」は、何もしないでも自動的にうまくいくほど、自然なことでも、簡単なことではありません。多くの夫婦は、気がついたら、セックスレスになっています。

†特定のパートナーと、定期的にセックスをするということ

そもそも、特定のパートナーと、定期的にセックスをするとは、どのようなことなのでしょうか。どのようなメリット、デメリットがあるのでしょうか。

それは、セックスを知らない中高生男子から見れば、まさに夢のような世界だと思えるでしょう。しかし、既にセックスを知っている世代の男子から見ると、必ずしもそうではありません。

僕たちの多くは、前述の通り、「タブー破り型」の快楽しか体験していません。この状態では、「積み重ね型」の快楽を享受できないため、特定のパートナーと、定期的にセックスをするということ自体が、基本的に困難になり、場合によっては、苦痛になります。

一度見て、触ってしまった女性の裸体は、「タブー」ではなくなるため、もはや興奮や刺激を感じなくなる。嚙み終わって味のしなくなったガムを、何度も嚙み続けるような、味気なさを味わうだけ。言うなれば、セックスの「作業化」です。それでは、満足することができないでしょう。

一方、セックスは相手ありきの行為なので、当然、相手の同意と協力が必要になります。セックスを定期的に行う、ということは、定期的に行えるだけの信頼関係を、夫婦間できちんとメンテナンスしておく必要があります。

つまり、「特定のパートナーと、定期的にセックスをするということ」は、「タブー破り型」ではない「積み重ね型」の快楽を知っていることと、パートナーとの関係維持の努力をしている、という二つの条件があって、初めて成立する行為です。まず、この点をきちんと確認しましょう。

男子の性の世界では、一般に、「時間は敵」と考えられています。時間が経てば、女性の容姿は劣化する。時間が経てば、愛情も冷める。時間が経てば、裸に飽きる……などなど。

性風俗店の経営者や、アダルト業界の関係者に、ホワイトハンズの射精介助が「完全予約制」であることを伝えると、皆、異口同音に「ええっ、男は、今すぐ射精したいんじゃないの？」「電話一本で、待たずにすぐ女性を呼べるようなシステムを作らないと、ダメなんじゃないの？」と驚かれます。

この驚きの背景には、男性の性欲は、衝動的かつ制御不可能なものだから、それに対応できるような商品や性サービスを作らなければいけないという固定観念、そして、「男は待てない」「男は我慢できない」「男は今すぐにヤリたがっている」という、野獣神話があります。

男性向けの性サービスや商品の大半が、時間をかけずに食べられる、ファストフードのようなインスタントな性格のものになっている理由は、こうした「男の性にとって、時間は敵である」という考えが、根強く棲みついているからです。

しかし、この考えは、僕たちに「積み重ね型」の快楽を味わうためのスキルがないがゆえの、偏見に過ぎません。「積み重ね型」の快楽を味わうためのスキルを身につければ、時間は味方になります。

時間が経てばたつほど、相手への信頼は増し、共通の思い出（＝記憶資産）も蓄積され、セックスの密度も濃くなります。つまり、好きな女性を、ますます好きになることができるわけです。時間を味方につけると、これまでの性に対する考え方が、一八〇度変わります。

†結婚後に豊かな性生活を送るための前提① 夫婦間のセックスレスは、予防できない

以上を踏まえた上で、僕たちが、結婚後に豊かな性生活を送るためのモデルケースを提示したいと思いますが、その前に、以下の二つの前提を理解することが必要になります。

まず、一つ目の前提は、「夫婦間のセックスレスは、予防できない」ということです。大半のカップルは、結婚後（もしくは結婚前から）に、多かれ少なかれ、セックスレスの問題にぶつかります。

現在、ホワイトハンズでは、地元の新潟市における妊活（子供を作る＝妊娠するための活動）の現状を取材しているのですが、これまでインタビューをしてきた三〇～四〇代の夫婦のうち、ほとんどは、事実上のセックスレスの状態でした。子作りのためのセックスに関しても、「毎週二、三回、定期的に」ではなく、「排卵日に合わせて、月に一回だけ」という夫婦が多数派でした。

夫婦間のセックスレスは、性欲の過多や有無だけが原因になるのではなく、職場でのス

トレスや長時間労働、育児疲れ、女性のホルモンバランスなど、様々なものが、複雑に影響し合って発生します。そして、多くの場合、どちらか一方だけの努力で、そういった要因を防ぐことはできません。

また、企業における長時間労働の蔓延や、育児支援制度の不備などの問題は、個人の努

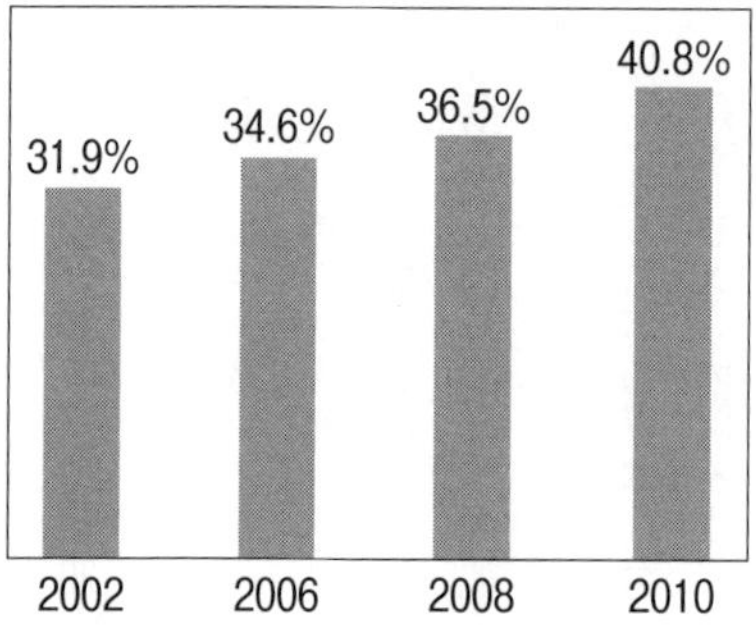

婚姻関係にあるカップルのセックスレス率

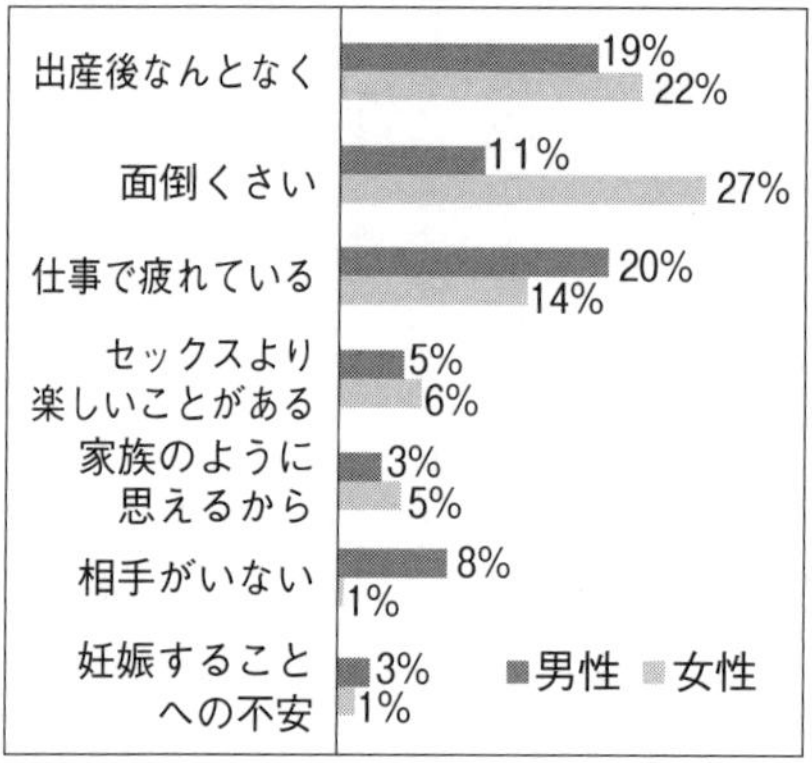

婚姻関係にある人がセックスに対して積極的になれない理由

出典：「第５回　男女の生活と意識に関する調査報告書」（2010年：社団法人日本家族計画協会）より、一部を編集して使用

注：日本性科学会によるセックスレスの定義＝「特別な事情が無いにもかかわらず、カップルの合意した性交あるいは性的接触が１カ月以上なく、その後も長期にわたることが予想される場合」（1994年）

力でどうにかなる問題ではありません。その意味で、セックスレスは、社会問題です。

セックスレスは、夫婦仲の良し悪しにかかわらず、起こります。そのため、まさか、私たちがセックスレスになるとは思わなかったという夫婦も多いです。

なお、セックスレスになることそれ自体は、特に病気でも問題でもありません。メディアでは、あたかもセックスレスが、現代社会特有の病、夫婦生活の破綻や離婚の引き金になる大問題であるかのように報道されていますが、それは完全な間違いです。

セックスの目的は、前述の通り、「絆をつくること」です。セックスをしなくても夫婦間の絆を確認・維持できる、あるいは、セックス以外の様々な方法で、夫婦の絆を確認・維持できるのであれば、セックスの有無に過度にこだわる必要は全くありません。

また、セックスレスは、一度なってしまったら、決して治らない、という類のものではありません。お互いの身体やライフステージの変化に合わせて、景気の循環サイクルのように、「セックスする時期（したくなる時期）」「しない時期（したくなくなる時期）」は、繰り返します。

そのため、仮にセックスレスになったとしても、過度に気に病んだり、慌てたりせずに、長期的な視野を持って、夫婦二人でゆっくりと向き合っていくことが大切です。ここにおいても、結婚後の性生活において、「時間を味方につける」ことの大切さが分かると思います。

セックスレスをめぐる口論で夫婦仲が悪化するのでは、本末転倒です。優先順位は「絆＞セックス」です。この順番を、決して間違えないようにしましょう。

†結婚後に豊かな性生活を送るための前提② 不倫や浮気をしない

二つ目の前提は、「不倫や浮気をしないこと」です。それらが、社会的・法律的に認められていない行為、コストとリスクが高すぎる行為である、というのはもちろんですが、夫婦間の問題が解決できていない状態で不倫をしたところで、今度は、不倫相手の新しい女性と、全く同じ問題が再発するだけです。

妻とのセックスに飽きたので、不倫や浮気をしても、時間が経てば、またその女性にも飽きるだけです。根本的な問題は、全く解決されません。前述のアメリカの調査では、「セックスのパートナーが複数になると、性的満足度は、逆に下降する」「不倫や浮気をしている人の方が、そうでない人よりも、性生活に不満を抱いている割合が高い」という報告が出ています。

ここで、冷静に考えてみましょう。一生のうちで、一人の人間がセックスできる相手の数は、統計的に見れば、おおむね、一〜四人です。つまり、せいぜい片手で数えられる程度だということです。

前述の「第五回 男女の生活と意識に関する調査報告書」によれば、決まった交際相手（恋人や配偶者）以外にセックスする相手はいるか、という質問に対して、九〇・〇％の人が、「そのような人はいない（＝〇人）」と回答しています。

また、この一年間にセックスをした相手の人数に関しては、「〇人」が一九・二％、「一人」が六三・七％と回答しています。約九割の人は、特定の相手としかセックスしていない（あるいは、その特定の相手とすら、セックスしていない）のです。

つまり、不特定多数（といっても、せいぜい二人程度）の相手とセックスをしているような人は、メディアのイメージに反して、現実には、極めて少数派でしかありません。

僕たち男子は、どうしても「不特定多数の女子とセックスしまくりたい」という妄想を抱きがちですが、冷静に考えれば、大多数の人にとっては、そんなことをしても、気持ちよくも無ければ、楽しくもなんとも無い、というのが真実です。

その理由を、「親友」を例にして、考えてみましょう。「親友」と呼べる友人の数は、大抵の人は、一、二人程度でしょう。「一〇人、親友がいます」と自慢する人や、「二〇人、親友が欲しい！」という人は、逆に怪しいはず。

一人の人間が、それなりのエネルギーや時間をかけて、長期的な信頼関係を築ける人数には、時間的・物理的な制限があります。あなたに、幸運にも「親友」と呼べる人がいる場合、その相手と現在のような信頼関係をつくるために、どれだけの年月と、学校や職場での共通体験の積み重ねが必要だったか、思い起こしてみてください。

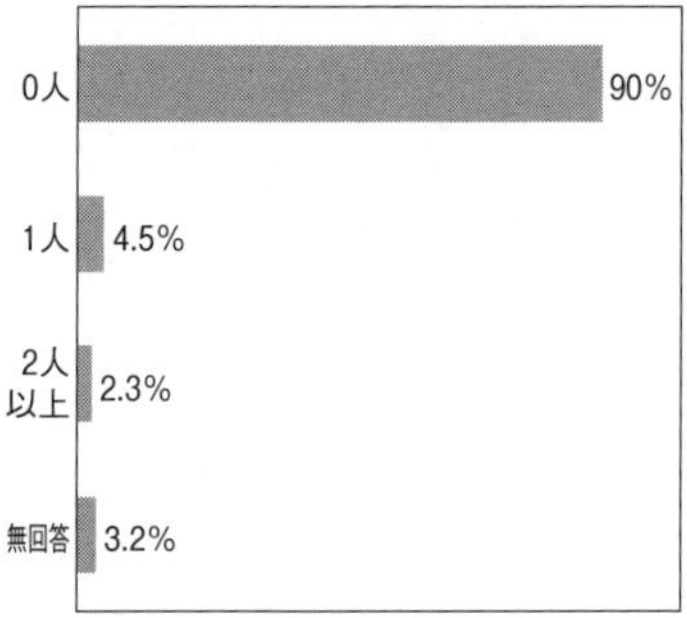

決まった交際相手以外でセックスする人数

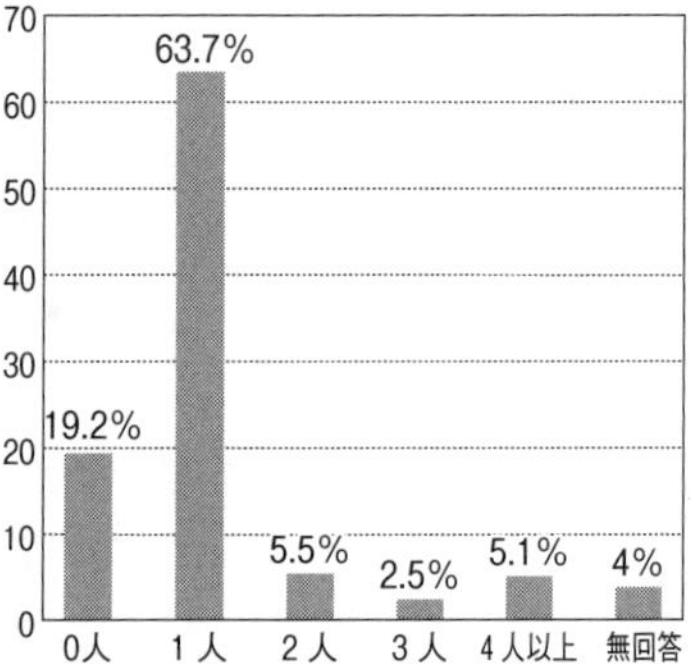

この1年間にセックスをした相手の人数

出典：「第５回　男女の生活と意識に関する調査報告書」（2010年：社団法人日本家族計画協会）より、一部を編集して引用

セックスのパートナーも、これと同じです。あなたが、ある女性と知り合って、交際を重ねて、その人に、自分の目の前で全裸になってもらうまでには、通常、多大な時間と労力を要します。一見無駄に思えることや、冗長だと思えることにも、エネルギーを使わなければなりません。身もフタも無いことを言えば、非常に「面倒臭い」作業の連続です。

また、無事にセックスまでたどり着いたとしても、そこで終わりでは決してなく、常に、言葉や態度、そして、それなりのお金と時間を使って、相手の女性との関係を、常に良好な状態で保つことができるよう、きちんとメンテナンスしていく必要があります。そうしないと、せっかく築いた関係も、すぐに切れてしまうでしょう。

こういった手間暇を惜しんで、性風俗や売買春などでセックスをすることもできますが、それによって得られる快感や効用は、ゼロから時間をかけて信頼関係を築き、相思相愛の状態までたどり着いた相手とのセックスに比べれば、圧倒的に虚しく、つまらないものになるはずです。

セックスは、「面倒臭い幸せ」です。たった一人の女性と、気持ちよくセックスのできる関係を構築し、それを維持していくためだけでも、多大な時間とコストがかかるわけです。そして、セックスの気持ちよさは、セックスに至るまでに、その相手と一緒に過ごした時間と、費やした労力に、比例します。セックスの相手を、常時とっかえひっかえしていては、底の浅い「タブー破り型」の快楽しか味わえません。

「不特定多数の女子とセックスしまくりたい」という願望は、この二つの事実を、今まで知らずに過ごしてきた恋愛経験の乏しい男子特有の、滑稽な夢物語に過ぎません。

現在、多くの国で、一夫一婦制が採用されているのは、宗教的な理由もあるのでしょうが、単純に一人の男性が、複数の女性を、性的パートナーとして同時に満足させることは、身体的にも、精神的にも、経済的にも、非常に難しいからだと考えられます。

前置きが長くなってしまいましたが、以下、僕たちが、結婚後に豊かな性生活を送るための支柱となる「四本の柱」を提示します。

†一本目の柱――パートナーから逃げない&沈黙に逃げない

最も大切な一本目の柱は、「パートナーから逃げない」こと、そして、「沈黙に逃げない」ことです。

まずは、セックスの相手をきちんと固定した上で、心身のホームベースを固めること。パートナーとの関係を良好に保つために、きちんと時間と労力を投資すること。そして、パートナーとの間で性に関する問題が起こった場合にも、逃げたり、見て見ぬふりをしたりせずに、きちんと問題に向き合って、その都度、お互いに話し合うこと。必要であれば、家族や友人の助けや、書籍や外部のカウンセラーの助けを借りること。

僕たち男子は、パートナーとの間に性的な問題が発生すると、どうしても「ひたすら沈黙する」「見ないふり、聞こえないふりをする」という形で、現実逃避をしてしまう傾向にあります。

夫婦間の性問題に対して、沈黙せず、逃げずに取り組むことは、セクシュアル・リテラシーの向上に、大いに役立ちます。沈黙しても、逃げても、問題は決して無くなりません。僕たちが生きている限り、自分から、他人から、身体から、性からは、決して逃げられないのですから、それときちんと向き合って、自分自身、そして相手と話し合いましょう。

そう、「僕らの性は、僕らが語る」です。

†二本目の柱——様々な分野・世代で、複数のガールフレンドを作る

二本目の柱は、「様々な分野・世代で、複数の女性の友人＝ガールフレンドをつくる」ことです。

多くの男子の中には、セックスパートナー以外の女性の友人・知人は作りたくない、セックスできないのであれば、女性と人間関係をつくる意味が無いという発想が根強く残っています。しかし、「セックスできるか否か」だけで、女性との人間関係を築こうとしても、そこから得られるものは何もありません。

様々な分野・世代のガールフレンドがいれば、特定のパートナーとの関係だけでは満たすことの難しい、異分野の会話や情報収集、知的欲求の充足をすることができます。つまり、ガールフレンドの存在自体が、メインの夫婦関係を補完するものとして機能し得るのです。

ここでのポイントは、特定個人のガールフレンドを作るのではなく、様々な分野・世代で、複数のガールフレンドをつくることです。これには、浮気や不倫の防止、という目的もありますが、あなたの世界も広げるという意味もあります。

僕たち男子は、どうしても年下のガールフレンドをつくることばかりに意義を見出してしまいますが、それは「年下」という記号を追いかけているだけに過ぎません。年下だけではなく、同世代や年上、一回り・二回り上の世代の女性も含め、可能な限りの全ての年代で、ガールフレンドをつくりましょう。

ガールフレンドがいることで、メインのパートナーとの関係にも、良い影響が出るはずです。パートナーと趣味が合わない場合でも、他に自分と趣味の合う女性がいれば、パートナーに、無理に自分の趣味を押し付けずに済みます。趣味の時間もぐっと楽しくなるはずです。年長世代の女性は、夫婦仲が思うようにいかなくなったときの、良い相談役にもなってくれるでしょう。

ガールフレンドを作るスキル＝女性とセックスを抜きにした長期的な人間関係を作るスキルは、年を取ってから、確実に役に立ちます。万が一、妻に先立たれた場合でも、このスキルがあれば、大丈夫。逆に、このスキルが無いと、老後は孤独地獄にまっしぐらです。

また、ガールフレンドとの会話の中で、特定の分野に絞った密度の濃い議論をしたり、普段、家族や友人には決して話さないような深い話をすることで、相手と実際にセックスをしなくても、セックスをした時と同じような、あるいはそれ以上の、精神的一体感や高揚感＝カタルシス（精神浄化）を得ることができる場合があります。

そう、実は、異性との会話、及びそれに伴う濃密な時間の共有体験、それ自体が、セックスの一種なのです。「身体でセックスする相手」が配偶者であるとするならば、ガールフレンドは「言葉でセックスする相手」です。身体を伴わない、言葉でのセックスであれば、浮気や不倫にはなりませんし、誰も傷つきません。それゆえに、様々な分野・世代の相手と、同時並行的に楽しむことができます。さらに、将来、加齢や病気で、身体的な性機能が不自由になった時も、引き続き「セックス」を楽しむことができます。

この視点に立てば、「ガールフレンドを作る」ということの意義が、これまでとは全く違った意味を持って、理解できるはずです。

意外なことに、彼女のつくり方に関する本は星の数ほどありますが、「ガールフレンドのつくり方」に関する本は、ほとんど存在しません。この不在にこそ、僕たちの女性観に潜む、大きな問題が反映されています。

ある有名政治家の、人間には「家族」「使用人」「敵」の三種類しかいない、という人間観が話題になったことがありました。しかし、僕たちは、これを笑えません。男子の世界では、女性には「母」「妻」「愛人（セックスフレンド）」の三種類しかいない、と考えている人が少なくありません。

この女性観に依拠している限り、「ママの代わりをしてくれる女性」「結婚して、妻になってくれる女性」「セックスをしてくれる女性」以外の女性とは付き合いたくない、という、極めて偏狭なコミュニケーションしか取れなくなってしまいます。

僕たちが「女性とセックスをしたい」と思う背景には、性欲以外にも、承認欲求や孤独感、自己憐憫や自己顕示欲など、様々な感情が隠れています。それらをきちんと見分けた上で、セックス以外の手段で満たすことを考えましょう。そもそもセックスでは解決できない問題を、セックスで解決しようとしてはいけません。

†三本目の柱——文化の力で性を昇華する

三本目の柱は、「性的欲求を、文化の力で昇華する」ことです。「昇華」とは、中学校の保健体育の教科書にも載っている用語で、性的な欲求を、芸術やスポーツなどに打ち込むエネルギーに変えて発散する、という意味です。

現実的にセックスできるパートナーがいる、既婚者の成人男子にとっての昇華は、男子中学生にとっての昇華とは、全く別の意味を持ちます。

既婚者の成人男性にとっての昇華は、性的欲求を抑え込む目的ではなく、夫婦生活を補完する目的、二人の性生活をより豊かにする目的で、実践されるべきです。言うなれば、「自分のための昇華」ではなく、「相手のための昇華」です。

前述の通り、夫婦間のセックスレスは、一〇〇%確実に防ぐことはできません。セックスレスとまでは行かなくても、妊娠や病気、長期出張や単身赴任などの理由で、パートナー間の性生活を中断・休止しなければならなくなる時期は、必ずやってきます。

そうしたときに、昇華のスキル・対象を持っていれば、夫婦関係が不要に悪化したり、浮気や不倫のリスクが浮上することを、防ぐことができます。逆に、昇華のスキル・対象を持っていないと、性的欲求を満たすために、浮気や不倫、性風俗や買春といった、夫婦間の関係を壊しかねない危険物に手を出さざるを得なくなります。

その意味で、昇華のスキル・対象を持っていることは「夫婦関係の保険」になります。そう、昇華は、本来であれば、中学生ではなく、既婚者に教えられるべき概念なのです。

全ての芸術表現は、性的欲求の昇華によって生み出された側面を持っています。例えば、ダンスは、多くの宗教や法律で規制されているように、まさにセックスの代償行為。アルゼンチンタンゴは「踊るセックス」であり、かつての日本の盆踊りは、乱交の場でした。バレエは躍動する人体の美しさを、美学的・解剖学的な観点から追求した芸術です。

絵画や彫刻などのアートは、かつては神の栄光をあらわし、神と一体化（セックス！）するための器でした。現在でも、個人の性的な欲求や妄想を具現化する手段になっています。ピカソやロダンの例を引くまでも無く、画家や彫刻家にまつわる性的な逸話やスキャンダルは、数えきれないほどあります。

ジャズ（jazz）の語源は、性行為を指すスラングだという説があります。小説も、今でこそ、知的で高尚なものとされていますが、昔は、今でいうマンガやアニメと同等、あるいはそれ以下の「社会の風紀を乱す、有害かつ俗悪なもの」でした。帝大出身のエリートである夏目漱石が小説家デビューしたことは、現代で言えば、東大教授がＡＶ男優デビューする位の衝撃があったとされています。宮沢賢治は生涯童貞を貫き、後世に残る数多くの傑作を生みだしました。

つまり、昔から人間は、こうした文化や芸術の力で、定期的に、自らの性を昇華し、解放し、発散してきたのです。こうした先人の知恵の蓄積を、僕たちが活用しない手はありません。

†四本目の柱――自慰行為ときちんと向き合う

四本目の柱は、「自慰行為ときちんと向き合う」ことです。結婚と自慰の関係については、ほとんど語られることの無いブラックボックスです。しかし、その暗闇の中を掘り下げていくと、結婚後の性生活を充実させていく上で、非常に重要な論点が見えてきます。

まず、意外に思われるかもしれませんが、僕たち男子にとって、日々の生活の中において、自慰行為による射精が心身のケアとして重要な役割を果たすのは、思春期や独身時代よりも、むしろ結婚後です。

長期的なスパンで考えれば、多くの男子にとって、セックスパートナーのいない状態で自慰行為をする期間よりもセックスパートナーのいる状態で自慰行為をする期間の方が長くなります。例えば、あなたが三〇歳で結婚する場合、人生八〇年と仮定すると、残りの五〇年の人生において、あなたが自慰行為をする場合、それは、セックスパートナーがいる状態での行為になるわけです。

にもかかわらず、自慰行為に関する話題の中で、結婚後の男子がどのような自慰行為をしているのか、あるいはするべきなのかについては、ほとんど語られることがありませんでした。

また、結婚後の性生活は、相手ありきになります。独身時代は、自分の好きな時に、好きな形で射精できたはずです。しかし、結婚後は、相手の体調に合わせてセックスを我慢したり、逆に、子どもを作るために、排卵日前後の特定の日にセックスができるよう、自分の気持ちと体調をコントロールする必要が出てきます。そうしないと、相手との信頼関係を築くことができません。

つまり、結婚後は、射精が「自分の快楽のためだけのもの」ではなく、「自分と相手のためのもの」あるいは「未来の子どもをつくるためのもの」になるのです。相手の希望やリクエストに合わせるため、子どもを作るためにも、自慰行為を通して、自分の性的欲求をきちんとコントロールする必要性が増します。それゆえに、自慰行為が、独身時代以上に、重要になるのです。

女性向けの悩み相談掲示板などでは、「夫が自慰行為をしているのを知ってしまい、ショックを受けている」という悩み相談が寄せられることがあります。妻側としては、夫の自慰行為は、浮気の前兆を疑う証拠になったり、自分の身体に飽きたのだと思い込んでしまったり、AVの過激なタイトル・内容を見て、夫に妙な性癖があるのではと悩んでしまったりと、何かとショックな出来事だと思います。

これはいずれも、女性が、男性の射精を、「性欲の処理」としてしか捉えられないがゆえの悩みです。前述の通り、男性の射精を、歯磨きやシャンプーのような「心身のケア」としてとらえることができれば、夫の自慰行為に対して、不安や悩みを抱くことは無くなるはずです。

そのため、結婚後は、夫の方から、妻に対して、男子の自慰行為は「性欲の処理」ではなく「心身のケア」であること、そして、妻とのセックスと自慰行為は、対立関係ではなく、補完関係にあるということを、きちんと伝える必要があります。

もちろん、結婚後も、独身時代と同じように、夜な夜なパソコンに向かって、アダルトサイトやアダルトDVDを見て自慰行為をし続ける、というのでは、当然、奥さんも嫌がるでしょう。

そのため、結婚後の自慰生活では、「女性が生理的嫌悪感を抱くようなオカズ（＝ジャンクヌード！）は使用しない」「妻に見られない場所・空間で行う」などのルールを守る必要があります。

ちなみに、前述のアメリカの調査では、「自慰行為を活発に行う人は、性生活も活発である」という結果が出ています。意外な結果だと思われるかもしれませんが、この事実も、結婚後のセックスと自慰行為は、対立関係ではなく、補完関係にあるということの証明になります。

以上のように、結婚後に充実した自慰生活を送ることは、夫婦間の性生活を充実させるカギにもなります。そもそも、セックスレスに伴う悩みや、浮気・不倫願望自体が、毎日定期的な射精を心がけるだけで、吹き飛んでしまうこともあります。自慰行為で解決できる程度の問題を、やれ「セックスレス」だの「夫婦の危機」だのと、深刻に捉える必要はありません。

†性生活の「持続可能な循環システム」をつくろう

人生のホームベースとなるパートナーと、長期的な関係を深めていきながら、幅広い世代でガールフレンドをつくることで見聞を広め、文化の力を使って、記号的ではない性の豊かさを享受・追求し、自慰行為を通して、心身の性的な健康をメンテナンスする。

ガールフレンドの存在、文化の享受、自慰行為による健康管理が、ホームベースとなるパートナーとの性生活の維持・深化に好影響を与え、そのことが、より深い次元で、異性との人間関係、文化、自慰を楽しめることにつながり、さらにパートナーとの関係が深まっていく……という好循環。

こうした、各々の要素が有機的に結びついた、里山生態系のような、セクシュアル・ビオトープ＝性生活の「持続可能な循環システム」があれば、結婚後も、性的に充実した日々が送れるはずです。

年長世代の男性の間では、セクシュアル・リテラシーの欠如から、「結婚して子供ができたら、もう性は封印」「妻との性生活は、無くなって当然」という認識が支配的でした。中高年向けの男性週刊誌が、未だに「女性の外性器特集」などという、中学校の保健体育レベルの特集を繰り返し、かつそれが話題になるのは、それだけ、年長世代の男性が、性的に抑圧されていることの証明です。

かつて、男性既婚者の間で、買春や性風俗の利用が盛んだったのも、それら以外に、結婚後の性的欲求不満を発散・昇華させる方法や文化を知らなかったからです。

現在、買春男性の高齢化や、若者の性風俗離れが進んでいると言われていますが、それが真実であるとするならば、昔の男性に比べて、僕たちの性欲や性的関心が弱まったのではなく、買春や性風俗以外に、性的な欲求を発散・昇華させるための、社会的・文化的な選択肢が増えた、という見方もできます。

性の持っている、僕たちを衝き動かすエネルギーを、結婚と同時に全て封印・破棄してしまうのは、非常にもったいないことです。お酒と同様に、セックスも、一定の社会的・文化的なルールにしたがって、きちんと節度ある楽しみ方をすれば、健康にも良く、日々の生活の原動力にすることができます。

今日から、しっかりと時間をかけて、パートナーと協力しながら、性生活の「持続可能な循環システム」を、コツコツ作っていきましょう！

第三章

僕らの性は、僕らの手でつくる

†早稲田祭で考えた「障害者専門風俗店」問題

前章までは、僕たち個人が豊かな性生活を送るための処方箋を解説してきました。本章では、個人的な視点を超えて、社会的な視点から、男子が豊かな性生活を送るための方法論を考えてみたいと思います。

二〇一三年一一月、早稲田祭の企画・Democracy Lab.Vol.1『障害者×性』（早稲田大学政治経済学部・齋藤純一ゼミ主催）にゲストとして招かれ、「障害者専門デリヘル」で働く女性を主人公にした映画『暗闇から手をのばせ』の監督・戸田幸宏さんと対談する機会を頂きました。対談後は、学生を含む一般参加者の方々と、「障害者の性」問題をめぐって、グループディスカッションを通した熟議を行いました。

戸田監督との対談の中で、障害者専門風俗店の現実について、私見を述べました。障害者専門風俗店は、事実上の都市伝説に近く、実際に営業している店舗は、全国的にもほぼ皆無です。

にもかかわらず、「障害者」と「性」という二つの社会的なタブーが重なるセンセーショナルな領域であり、ネタとしての面白さがあることから、あたかも実態があるかのように、今回の映画も含め、時折メディアで取り上げられることがあります。

ホワイトハンズにも、全国から「障害者専門風俗店を開業したいので、相談に乗ってほしい」という依頼が寄せられます。そうした相談に対しては、僕は、「悪いことは言いませんから、やめた方がいいですよ」と答えています。

なぜなら、そうした開業相談を持ちかけてくる人の大半が、実生活の中で障害者に接した経験が、ほとんど（あるいは全く）無く、かつ、これから障害者の現状やニーズを勉強しようという意欲も無い場合が多いからです。

つまり、「障害者は皆、恋愛やセックスができずに苦しんでいる、かわいそうな弱者に違いない」という一方的な思い込み、「障害の種類や程度にかかわらず、裸の女性を抱かせてやれば、どんな障害者でも喜ぶに違いない」といった見当違いのヒューマニズムだけで、開業を考えているのです。障害者の現状やニーズを理解していない人、理解する気の無い人であればあるほど、障害者専門風俗店を経営したがるという逆説があります。

これは、一見すると、単なる笑い話に見えます。しかし、性に関わる特定の現象や対象を目の前にした際、その中に「自分の見たいものだけを見る」というのは、社会の性問題に共通する普遍的な罠です。その意味で、性は、僕たち個人や社会の欲望や偏見を映し出す「鏡」です。

†「攻略本」はあるのに、誰も読まない？

二〇一二年冬に、ホワイトハンズで発行している「障害者の性」白書の取材の過程で、日本の性教育のパイオニアである、北沢杏子さんとお会いする機会がありました。

その出会いは、まさに衝撃的としか形容することができないものでした。北沢さんが、とても八〇代には見えない若さと行動力で、潑剌と活動されていることにも感銘を受けたのですが、北沢さんが提示してくださった「性教育の樹」をはじめとする、高度かつ濃密な性教育理論の数々に、圧倒されました。

たとえるならば、新世紀エヴァンゲリオンにおける、「生命の樹」出現！のような、サードインパクト級の衝撃があったのですが、同時に、「なぜ、これほど完成された、素晴らしい理論が、世の中に十分普及していないのだ？」という疑問も湧きました。

性教育理論は、「これが普及すれば、世の中がもっと良い方向に変わるのに」「間違いなく、みんなが幸せになるのに」というレベルのものが、既に完成しています。純潔教育（性に対する知識と情報を与えない教育）に対する、包括的性教育（性に対する正しい知識と情報を与える教育）の優位性のように、学問的に見ても、統計的に見ても、国際的に見ても、既に決着のついている問題は山ほどあります。

しかし、この世界には、お上を批判する人や現状を嘆く人は星の数ほどいますが、「行動して、実践する人」が、圧倒的に足りません。仮にいたとしても、前述の障害者専門風俗店の開業希望者のように、見当違いの方向に走ってしまう人が大半です。

性教育の樹

そのため、現場には、答えが出ているにもかかわらず、未解決のまま放置されている問題が、ゴロゴロ転がっています。攻略本はあるのに、誰も読まない、誰もプレイしないという、慢性的な人材不足、リーダー不在の状態にあります。

今、性の世界に必要なのは、単なる現状批判や無知を超えて、具体的なプログラムやサービス、事業を自分の頭で考えて、行動していく実践者です。

†新しい「性の公共」のムーブメントを巻き起こせ

一方、性の分野の実践者には、常に、世間の批判がつきまといます。早稲田祭でのイベントの際にも、対談前の控室で、戸田監督から「ホワイトハンズ、敵が多いですね～」と冗談半分に突っ込まれました。何でも、「障害者の性」をテーマにした映画を作る上で、監督が障害当事者や風俗関係者、福祉関係者に取材をした際、「ホワイトハンズには取材しないの？」と聞かれまくったそうなのですが、その中で、ホワイトハンズの理念や立場に対する批判を滔々と語る人が少なくなかった、とのこと。

その際、僕は「いや～、我々はあくまで天然、かつ真面目にやっているだけで、敵を増やそうだなんて、これっぽっちも思っていません」と、笑顔で切り返したのですが、社会の性問題に関して、特定の価値観や立場に基づいた活動や発言をすることは、実は、知らず知らずのうちに「敵を増やすこと」でもあります。

ホワイトハンズも、創業から今まで、山のような批判や誹謗中傷に晒されてきました。某ＩＴ業者から、「ネット上での御社の誹謗中傷記事や、ネガティヴなキーワードを、削除・非表示にするサービスを利用しませんか」と、営業をかけられたこともありました

（笑）。

社会の性問題は、中立的な立場、傍観者としての客観的な立場から、無難に関わることが難しいものが多く、問題解決に真摯に取り組むのであれば、どうしても、特定の立場に戦略的に肩入れしたり、一定の主観や妥協を交えざるをえなかったりする場面が出てきます。

行動するために必要な全ての条件が出揃う＝一〇〇点満点になるのを待っていると、いつまでたっても何もできないので、三〇点、四〇点の状態で、走り出さなければならない時もあります。

むしろ、そういった姿勢が無ければ、満足な成果を出すことのできない世界なのですが、そうした振る舞いが、「中立」や「客観」をよしとする人たち、「一〇〇点でないからダメだ」という人たちからの批判やバッシングの対象になることがあります。早稲田祭のグループディスカッションの中でも、ホワイトハンズの射精介助サービスが、一〇〇点ではない、女性障害者への介助が無いことについて、多くの参加者から散々突っ込まれました。

しかし、今、山積している社会の性問題を解決するために最も必要なことは、「どこかの誰かが、一〇〇点の解決策を作ってくれるのを、じっと待ち続けること」「誰かの解決策を、『一〇〇点ではないから』と叩くこと」ではなく、「〇点の状態を、まず、五点、一〇点にしていくこと」「そのための実践を、自分のできる範囲で、地道に積み重ねていくこと」です。

社会の中で生きる僕たち一人一人が、セクシュアル・リテラシーを身につけた上で、「お上に丸投げして終わり」「誰かを叩いて終わり」という態度を卒業し、性の問題を、自分の問題として引き受けた上で、みんなの知恵と力を合わせて解決していくこと。これを、新しい「性の公共」と呼びます。

今必要なことは、新しい「性の公共」をつくるためのムーブメントを、性別や年齢、障害や病気の有無、住んでいる場所の差を超えて、あらゆる場面から、徐々に巻き起こしていくことです。

†思い通りにならないものと、どう付き合っていくか

映画『暗闇から手をのばせ』では、障害者の性がタブー視されている社会の姿を、タイトルにある通り「暗闇」と表現しています。「暗闇」を照らす「光」として、恋愛やセックスが位置付けられているわけですが、そうした状況を歌った楽曲の一つに、宇多田ヒカ

ルの『光』（二〇〇二年）があります。

この曲は、タイトルに彼女自身の名前が付けられている通り、宇多田ヒカルの最高傑作と呼ばれています。『光』の歌詞世界は、真夜中のような暗闇に覆われた日常の中、運命を信じずに孤独に生きてきた主人公の前に、突然、「光」（恋人の暗喩）が降り注ぎ、その輝きによって、人生を一変させられる、というものです。

僕たちが、恋愛やセックスといった、性的な行為に惹かれるのは、それが、自分の力では「制御不可能」「予測不可能」だからです。異性とのセックスは、相手ありきの行為であるため、自分の意志や能力だけでは、成功は保証されません。時折不意に襲いかかってくる性衝動も、自分ではなかなかコントロールできません。自分自身の性癖も、そうです。結婚後のセックスレスも、多くの人にとっては、完全に予想外の出来事でしょう。

しかし、だからこそ、面白い。だからこそ、予想を超えた快感や、理性を壊す驚きを与えてくれる。制御不可能、予測不可能な神秘的な存在、暗闇の中で突然輝きだす「光」だからこそ、性は、古今東西、人間の興味を惹きつけて止まないのです。

恋愛やセックスの本来の魅力は、「記号をなぞる」ことではなく、「記号を超える」ことにあります。その意味で、性の世界は、思い通りにならない物事や他人に対して、全否定したり、勝手な思い込みに基づいて遠ざけたりせずに、どう上手くコミュニケーションを取って付き合っていくかを学ぶための修行の場である、とも言えます。

✝自分が童貞である理由を、理路整然と語る「インテリ童貞」

一方、性の持っている制御不可能性、予測不可能性は、男子にとって、自分のプライドや価値観を脅かす可能性があるため、恐怖や敬遠の対象にもなります。

ヴァージン・アカデミアの運営過程で、高学歴で容姿端麗、一流企業に勤めているものの、なぜか異性と性体験を持ったことのない「インテリ童貞」の男性と出会ったことがあります。彼は、自分が童貞であることをほとんど苦に思っていないそうで、自分が童貞である理由を、理路整然と、よどみなく語ってくれました。

女性との恋愛やセックスによって、自分のプライドが壊されたり、価値観を変化させられることよりは、今まで通り、童貞として自己完結していた方が、精神的な安定を得ることができるのでしょう。

僕たちは、思い通りにならない性に対して、意図的に単純化して「分かったふり」をするか、最初から理解する努力を放棄して「全否定」するか、いずれかの罠に陥りがちです。

マスコミにおいて、性の問題は、「激増」「低年齢化」「モラルの崩壊」など、単純化されたセンセーショナルな見出しで報じられることが多いですが、これは、読者や視聴者に分かったふりをさせるため、あるいは全否定させるためのトリックであると言えます。

本来、「他人との関係をつくるための手段」であったセックスが、記号化されることを通して、「自己防衛の手段」「他人と深く関わらないための手段」として逆利用されるようになっている現状は、お世辞にも健全とはいえません。こうした状況下では、セックス自体が、予め用意されている記号をなぞるだけの作業、相手の身体を使った自慰行為に堕してしまいがちです。

セックスは、思い通りにならない他者とのコミュニケーションを遮断するための手段ではありません。思い通りにはならないことを前提とした上で、きちんと他者と向き合い、お互いに試行錯誤していく中で、徐々に立ち現われてくる「ライフライン（命綱）」です。

†自分だけの「セックス新論」をつくろう

以前、スワッピング＝夫婦交換を行っているカップルに、話を聞いたことがありました。夫婦交換とは、文字通り、二組の夫婦間で、お互いのパートナーを交換し合ってセックスをすることを指します。

一見、常識では理解しがたい行為に思えますが、その背景には、違う相手とのセックスを通して、性生活のマンネリ化を克服したり、現在のパートナーへの愛情を再確認するといった、切実かつ真面目な目的があります。離婚の防止のために、夫婦交換をしているカップルもあるそうです。なかには、夫婦交換だけでは飽き足らずに、妻をヌード撮影会やAVに出演させたり、混浴サークルや乱交パーティ、SMクラブに参加させる人もいます。

非日常的な刺激による「タブー破りの快楽」を求め続けることで、マンネリ化に陥りがち、煮詰まりがちな夫婦生活を、どうにかして維持しようとしているわけです。

しかし、あくまで個人的な感想ですが、そういったタブー破りの快楽を求め続けているカップルは、必ずしも、幸せそうには見えませんでした。

確かに、彼や彼女は、「セックスへの自由」＝パートナーや、パートナー以外の異性と、自由にセックスできる状態にあります。しかし、その分、「セックスからの自由」を得ることができていない。セックス以外に、夫婦の絆を強めたり、再確認したりする手段はいくらでもあるはずなのに、それに気づかず、より刺激的なセックスをしなければ、自分たちは幸せにはなれないと思い込んでしまっている。

いくらタブー破りの快楽を追求したところで、大半の人は、経験後に、「な〜んだ、こんなものか」という期待外れ、虚しさを感じるだけです。処女、ＪＫ（女子高生）、児童買春、未成年、素人、人妻、生本番、ＡＶ出演、ＳＭ、夫婦交換……全てそうです。良くてせいぜい、「実際にやってみたら、気が済んだ」「憑き物が落ちた」という程度。これでは、自分と他人を貶めるだけ、傷つけるだけで、終わってしまいます。

真に豊かな性生活を享受するためには、「セックスへの自由」だけでなく、「セックスからの自由」も、合わせて理解・獲得する必要があります。

「セックスからの自由」を実現するための手がかりの一つは、「制約」です。性は、制約があるからこそ、輝きを放ちます。僕たちの性を規定している制約の多くは、これまで説明してきた通り、「お上の見えざる手」の反作用によって事後的に作られた虚構に過ぎません。しかし、中には、長年にわたって培われてきた、日本の歴史や文化の中から生じるものもあります。

近代日本文学を代表する文豪の一人である谷崎潤一郎は、日本美を論じた名著『陰翳礼讃』にて、「われわれ東洋人は何でもない所に陰翳を生ぜしめて、美を創造するのである」と述べています。

谷崎は、「掻き寄せて結べば柴の庵なり解くればもとの野原なりけり」という古歌を引き合いにだします。これは、「野原の草は、かきよせて結び合わせれば、庵（家）の材料となる。結びを解けば、もとの野原の草になる。つまり、野原の草でもあり、庵でもある」という仏教的な思想を表した歌です。

すなわち、女性の美を含めた日本的な美とは、物体（裸体）そのものにあるのではなく、物体と物体との作り出す陰翳のあやにある、と谷崎は考えます。

谷崎は文楽人形の美しさを語り、そこに、西洋的な美とは異なる、日本女性の美しさを見出します。

昔の女性は、「襟から上（顔とうなじ）と袖口から先（手指）だけの存在」であり、身体の他の部分は、ことごとく着物の下＝闇に隠されていた。昔の女性の裸体は、中宮寺の菩薩像のように、紙のように薄い乳房、板のような平べったい胸、やせ細った胴体、何のくびれもない腰の線……といった、肉体というよりも、不格好な心棒のようなものだったのではないだろうか。衣装をはげば、文楽人形のように、不格好な心棒だけが残る。ゆえに、日本人は、女性の全身をあえて闇に隠して、「襟から上と袖口から先だけの存在」にすることで、想像力による美を喚起してきたのではないだろうか。

谷崎は、「闇の中に住む彼女たちに取っては、ほのじろい顔一つあれば、胴体は必要がなかったのだ」「思うに明朗な近代女性の肉体美を謳歌する者には、そう云う女の幽鬼じみた美しさを考えることは困難であろう」と述べています。

これを現代風に言い換えれば、記号化された女性のヌードや、「タブー破り型」のセックスを追い求めるだけでは、女性の美、そして、豊かな多元性を持つ性の世界は、決して理解できない、ということになります。

「隠す」「制限する」ことで、逆説的に、性の世界に想像力を付与し、効用を無限に高める。制約があるからこそ、自由になれる。その意味で、人間にとっての最大の性感帯は、皮膚ではなく「脳」＝想像の世界なのかもしれません。

†セックスの「分際」を知れ

「セックスからの自由」を実現するための、もう一つの手がかりは、セックスの「分際」を知ることです。政治や宗教によって性が規制・禁止されている社会では、その反作用として、セックスが、非日常的かつ特権的なもの、はたまた自己救済や超越につながる回路として、不要に祭り上げられてしまう傾向があります。

高校時代の僕がまさにそうでしたが、満たされない生活を送っている男子が、「セックスできないから、自分はダメなんだ」「理想的なセックスさえできれば、自分は救われる」と考えてしまうのは、そのためです。

八〇年代から九〇年代にかけて、「自分を変えるためのセックス」がもてはやされた時期がありました。女性誌の読者ヌードや、素人女性の風俗参入、援助交際など、退屈な日常や自我の殻を打ち破る手段、「ここではないどこか」に行くための超越の回路として、セックスが祭り上げられたのです。

しかし、セックスは、あくまで睡眠や食事と同様の、日常生活行為です。それ以上でも、それ以下でもありません。そこに過剰な理想や欲望を投影したり、「ここではないどこか」や、無限の価値を見出そうとしたところで、生産的なものは何も生まれません。

作家の三島由紀夫が、太宰治の文学を批判した有名な文章があります。三島は、「太宰のもっていた性格的欠陥は、少なくともその半分が、冷水摩擦や器械体操や規則的な生活で治されるはずだった」と述べ、「生活で解決すべきことに芸術を煩わしてはならない」と結論付けます。「芸術」を「セックス」に入れ替えても、意味は通じるでしょう。そう、本来であれば、生活習慣の改善で解決すべき程度の問題に、無理矢理セックスを巻き込んではいけないのです。

セックスには、セックスの「分際」があります。もちろん、セックスに非日常性や超越性の要素があることは確かですし、それが、僕たちがセックスを楽しむ際の「スパイス」になり得ます。しかし、「スパイス」を「主食」と勘違いしてしまい、「スパイス」だけを選んで、タバスコやマヨネーズのみを強迫的に食べ続けるような状態になってしまうと、確実に身体を壊します。

本書の中で引用した各種統計データにおいても、世代にもよりますが、「セックスの頻度と、その人の幸福感の間には、相関関係は無い」ということが明らかになっています。パートナーのいない男女は、性的欲求不満に苦しんでいる、という通俗的なイメージがありますが、前章の「幸せな童貞」の箇所でも説明した通り、実際には、そうした人はセックスについて考えること自体が少なく、おおむね幸せで充実した生活を送っている、という報告が得られています。

むしろ逆に、不倫や浮気、性風俗や愛人契約などで、複数のセックスパートナーと関係を持っている人の方が、性生活に対して、肉体的・精神的なストレスや不満を抱いている傾向が強い、という意外な結果が出ています。

つまり、セックスは、人生において、あれば楽しいが、無ければ無いで、それで特に問題は無いという程度の代物に過ぎません。ざっくばらんに言えば、そもそもが面倒臭くて、疲れる行為なのですから。

こういうことを書くと「セックスを冒瀆している」と怒られそうですが、前述の通り、セックスは、「制約」を設けること、そして、その「分際」を知ることによって、はじめてその効用を十分に発揮できる存在なのです。

「自分を変えるためのセックス」には、未来がありません。一方で、僕たち男子がハマりがちな「自分を守るためのセックス」＝性の記号消費に耽溺することにも、未来はありません。いずれも、主語が「自分」になっている時点で、セックスにおいて最も重要な「他者」との関係が失われています。

主語を「自分」に置くセックスの終着駅は、自分さえよければいい、という「お金で売り買いするセックス」です。そして、前述の通り、今の時代は、裸のデフレ化によって、もはやセックスが売れない、という、ある意味で末期的な状態になっています。

セックスを、非日常的な危険物の枠内で、劇薬や腫れ物に触るように仰々しく扱うのではなく、本来の「分際」である、日常生活用品＝コモディティの次元に降ろすこと。そして、日常生活の中で、「自分が変わるため」「自分を守るため」でもなく、本来の目的である「他者との絆をつくるため」に、活用すること。

この姿勢こそが、逆説的ですが、セックスの持つ潜在能力を、最大限に引き出すカギになるはずです。

†男子の性の世界にも、「時間軸」を導入せよ

セックスワーク・サミットにもゲストとしてお招きした、夜の世界で働く女性のセカンドキャリアを支援するＮＰＯ「Grow As People」代表理事の角間惇一郎さんは、夜の世界で働く女性がぶつかる困難を、「四〇歳の壁」という言葉で表現しています。

四〇歳を超えた女性が、夜の世界で働き続けるのは、非常に困難です。そのため、この壁にぶつかる前に、何らかの形で、昼の世界での仕事や生き方を見つける必要があります。しかし、実際に四〇歳間際になってからでは、もう手遅れで、対応のしようがない場合が多い。そこで、多くの女性が、このまま夜の世界で働き続けることに危機感を覚え始める二五歳から三四歳までの間を軸として、何らかの形で支援を行っていこう、というのが、角間さんの主張です。

夜の世界に限らず、女性は、自らの性の「時間軸」を強く意識して生きています。時間の経過によって、自らの性的魅力や、恋愛・結婚市場における価値、出産可能期間がどんどん逓減していくため、自らの性と時間の関係を、嫌でも意識させられることになります。しかし、女性と比べると、僕たち男子は、この時間軸に対する意識がかなり低い場合が多いです。

男性の生涯未婚率は年々上昇の一途をたどり、現在三〇代独身の男子のうち、将来結婚できるのは三人に一人だけ、と主張する経済アナリストもいます。また一時期、女性の「卵子の老化」が話題になりましたが、当然、男性の「精子の老化」も起こります。

不妊というと、どうしても女性側の問題としてのみ語られがちですが、不妊の原因の半分は男性側にあります。マンガ『結婚しなくていいですか　すーちゃんの明日』（益田ミリ・幻冬舎）で、登場人物のさわ子さん（アラフォーの独身女性）が、結婚を考えていた男性から「自分の親がどうしても子どもを欲しがっているので、結婚前に病院で検査をして、子どもを産める身体であることの証明書をもらってきてほしい」と言われる場面がありま す。その時、さわ子さんは、男性に対して、「あなたは（検査しないの）？」と切り返しますが、男性は「えっ、俺もいるの？」と間の抜けた返事をする。彼は、不妊は女性側だけの問題で、自分は全く無関係だと思っているわけです。それを聞いたさわ子さんは「この男駄目だな。結婚はやめよう」と即決します。

就職や結婚、出産といったライフイベントの時間軸を見据えて、長期的な視野を持って、自らの性と向き合う必要性は、男女ともに変わりありません。

にもかかわらず、僕たちには、時間軸を意識して、自らの性を考える習慣がありません。その反映として、男子向けの性産業の市場には、その場の性欲に駆られた衝動的な利用・購入を前提にした商品やサービスで溢れかえっています。求められているのは、今、この瞬間の快楽か、せいぜい数分後の快楽のみ。

時間軸が無いと、今現在の状況、例えば童貞であることや、彼女がいないこと、セックスレスである状態が、未来永劫続くと思い込んでしまい、AVや性風俗、売春や不倫等の貧しい選択しかできなくなってしまいます。そうした選択は、長期的に見れば、自分自身や他者を傷つけるだけです。

時間軸の意識があれば、今自分の置かれている現状や悩みを相対化することができます。そして、今何をすべきで、これからどこに向かうべきかも、分かります。メディアに溢れる記号情報に触れて、焦る必要も無いのに焦ったり、傷つく必要も無いのに傷ついてしまうことも、少なくなるはずです。

わずか数秒後の、目先の薄っぺらい快楽に感情を支配されるのではなく、数カ月後、数年後の濃厚な快楽まできちんと計算・理解することができるようになるためにも、時間軸を意識しましょう。

†探すな。買うな。作り出せ！

本書の中で一貫して主張してきたことは、セックスは、「探すもの」でも「取り換えるもの」でも、はたまた「売り買いするもの」でもなく、「自分の手で作り上げるもの」である、ということです。

僕たち男子が子供の頃に夢中になった、国民的RPGである「ドラゴンクエスト」の第五作目（天空の花嫁）では、主人公は、父親と共に、世界を救う「伝説の勇者」を探す旅に出ます。「伝説の勇者」を探す旅の過程で、父親は、魔王を崇める邪教の親玉に殺されてしまい、主人公も、その邪教の奴隷にされたり、呪文で石像にされてしまったり、愛する妻と離ればなれになってしまうなど、幾多の苦難を味わいます。

長い旅路の果てに、主人公は、ようやく「伝説の勇者」を見つけ出します。その「伝説の勇者」とは、実は、自分の息子だったのです。つまり、主人公の旅は、「伝説の勇者」を「探す」旅ではなく、「作り上げる」旅だった、というわけです。

同じことが、僕たちの性生活についても言えます。理想の性生活は、「探す」ことではなく、「自分の手で作り上げる」ことでしか、手に入りません。

セクシュアル・リテラシーを活用して、社会的ネットワークの中で、自分が理想と考える性生活を、(探したり、取り換えたり、売り買いしたりせずに)自分の手で作り上げること。これこそが、これからの新時代、僕らが目指すべき新しい性生活の奥義にして、真髄です。

「お上の見えざる手」に下半身を握られ、不本意な自慰行為やセックスを強制され続ける状態は、今日で卒業しましょう。「官制の性欲」＝お上の作ったルールに性欲を煽られるのは、恥ずかしくて、カッコ悪いことです。これからは、自分を一番自由にしてくれるルールを、自分の手で作っていきましょう。

そのための資源とヒントは、これまで本書の中で述べた通り、パソコンやスマホの画面の向こうでも、レンタルDVD店の棚の中でもなく、僕たちの目の前に、既に存在しています。

さぁ、ここまで読み進めてきたら、もう、僕たちが目指すべきゴールは、理解できたと思います。ここまでの議論は、スタートラインに過ぎません。ここからは、本書の議論をベースにして、あなただけの、セックス新論を作っていってください。

そう、僕らの性は、僕らが語る。そして、僕らの性は、僕らの手でつくる。あなたの健闘を祈ります！

あとがき

本書では、これまで男子のセックスを語る上で、必ず使われてきた「ある二つの言葉」を、一切使用せずに書きました。

一つ目の言葉は、「エロ」です。「エロ」という言葉を使わなかった理由は、本文を読めばご理解頂けると思います。

二つ目の言葉は、「愛」です。なぜ、愛という言葉を使わなかったか、については、それが、マジックワード＝悪い意味での「万能調味料」だからです。

愛という言葉を使うことで、どんなセックスでも、それなりに「食べられる」ようになってしまうため、本来であれば問題視されるはずの「調理器具」や「レシピ」の欠陥が、見えなくなってしまうのです。

また、愛という言葉を説明に使うことで、何かを曖昧に分かった気になったり、崇高なことを理解した気になってしまう、という弊害もあります。

あえて、愛という、悪い意味での「万能調味料」を一切使わずに、セックスを「食べられるもの」にしようと努力することで、これまで見えなかった風景が見えてくると思います。

大言壮語を許して頂けるのであれば、本書は、男性向け性教育書のクラシック＝五年、一〇年と末永く読み継がれる「古典」となることを目指して、書きました。

社会が複雑化・流動化し、絶対的な基準や中心が失われ、人々の価値観が多様化する中、どのようにして、僕たち個人が、安定的な生と性のホームベースをつくっていくか、というテーマを書きました。そのためには、「エロ」や「愛」というノイズを、意識的に脇に寄せる必要があったのです。

「セックスの経験人数を競う」「巨乳の女性と寝る」といった、女性をモノ扱いした記号だけを追いかける営みの貧しさ、虚しさは、男子であれば、誰もが理解・実感していると思います。

しかし、性の記号消費に虚しさを感じた後、果たしてどうすればいいか、という問いに対して、具体的な回答の方針＝ビジョンが出されることは、これまでありませんでした。ビジョン不在の状態では、虚しさは、容易に、絶望へと転化してしまいます。

ＮＰＯの仕事は、これからの社会が向かうべきビジョン＝「べき論」を提示することです。アカデミズムの世界では、お上による画一的な「べき論」の制度化によって、個人の性が抑圧されてきた過去の時代のトラウマからか、セックスに関しては、国家によってつくられたビジョンを批判し、性の多様性を賛美・称揚する言説を繰り返すだけで、代案となるような一定のビジョンを提示しようとする人が、ほとんどいませんでした。

結果として、問題が発生した後の対症療法や事後分析に追われるだけで、「ビジョンを打ち出し、その実現に向けて進んでいく」という、当たり前のことができなかったのです。そのため、本書が、良い意味での「べき論」の嚆矢になれば、と思って書きました。

セックスの世界を、表面的な記号に支配された、薄っぺらい「二次元」の世界ではなく、自分と相手の人格や感情という奥行き、血の通った肌触りを持った、立体的な「三次元」の世界としてとらえること。そして、そこに、歴史や文化、記憶、ライフステージといった「四次元」の時間軸を導入すること。そうすれば、僕たちは、これまで全く想像もできなかったような、豊かな性の世界を垣間見ることができます。

本書の内容は、「ありそうでなかった」ものではありますが、特に目新しいものでも、最先端のものでもありません。「なんとなくみんなが思っていること、感じていたことを、整理してまとめたもの」です。

セクシュアリティの問題について、アカデミズムの世界での研究成果や、ジャーナリズムの世界での発見は、既に数多く積みあがっています。しかし、それらはバラバラのまま、「点」の状態で放置されており、今の社会を生きる男子のための処方箋をつくる、という観点から、それらをまとめようとする試みは、これまで行われてきませんでした。

性の分野の議論に必要なことは、「土台の共有」です。これまでは、「最近の若者のセックス事情」や、「タブーに切り込む、衝撃のルポ」が、センセーショナルな形でメディアに登場しては、時間の経過とともに、きれいさっぱり忘れられていく、ということの連続でした。先人がせっかく見つけてくれたルートや落とし穴が、後の世代に全く伝わっていない、というもどかしさもありました。

つまり、性に関する議論そのものも、「タブー破りの快楽」に支配されていたのです。今必要なのは、「積み重ねの快楽」です。単なるルポの羅列や、非生産的な精神論・抽象論に終始する罠に陥らず、みんなで一定の土台を共有した上で、これからどのようにセックスと向き合っていくのかを、公の場で話し合うための材料として、本書が役に立てば、幸いです。

私事ですが、二〇一三年の春、妻の妊娠が判明しました。第二子の妊娠を家族で喜んでいたのですが、残念ながら、お腹の中で赤ちゃんが育たずに、わずか八週で流産という形になりました。

「流産は、全妊娠の一五%程度、妊婦一〇人あたり一〜二人の確率で発生する」「妊娠初期の流産は、染色体異常などが原因で生じるものであり、予測も回避も不可能。誰のせいでもない」といった一般的な知識は、頭では理解していましたが、実際に自分の身に起こると、そうしたデータは、気休め程度にしかなりません。まさに、性の世界は、「思い通りにならないこと」「予想もつかないこと」の連続だなぁ、と、改めて思い知らされました。

流産後、精神的にドップリ落ち込んでいたのですが、ちょうどその頃、新書執筆の企画を、東大でのゼミ仲間だった、今を時めく気鋭の社会学者・開沼博さんから紹介して頂きました。

筑摩書房の編集者である橋本陽介さんと打ち合わせをしている中で、せっかく執筆の機会を頂いたのだから、残念ながら星になってしまった子どもの弔い合戦として、これまでにありそうで無かった、これからの時代を生きる男子を導く、暗闇の中の不動の一点＝

「北極星」となるような内容の本を書いてやろう、と気持ちを切り替えることができました。

というわけで、本書は、僕にとって子どものようなものです。この子が、今の社会の中で、性について悩み、迷っている、多くの男子の皆さんの道標として、お役に立つことを祈っております。

最後に、本書の産婆役の開沼さんと、一人で歩けるレベルまで育ててくださった、保育士役の橋本さんに感謝いたします。また、草稿を読んで、女性の目線から貴重な意見をくださった、新潟高校時代の同級生で、読書会仲間の貝瀬千里さん、及びご多忙の中、射精障害をはじめとする男子の性に関する貴重な情報をご教示くださった獨協大学越谷病院泌尿器科の小堀善友医師、ヴァージン・アカデミアの講義の場を提供してくださった明治大学の平山満紀准教授、Alice Pacher さん、大学時代の指導教官で、帯にパンチの利いた推薦文を書いてくださった上野千鶴子さんに、この場を借りてお礼を申し上げます。

そして、前著に引き続き執筆を支えてくれた妻と、現在二歳の息子にも、最大限の感謝を。息子が一八歳になった時に、本書が、男子の読むべき「古典」として、書店の本棚に残っていることを願って。

付録　セクシュアル・リテラシーを磨きたい男子のための分野別参考文献九冊

【射精と自慰】

小堀善友『泌尿器科医が教える「正しいマスターベーション」カップル、夫婦、家族で考えよう！自分の種と子孫を絶やさないためのムスコ運用法』（二〇一三年、impress QuickBooks）［Kindle版］

リーズナブルな価格かつ充実の内容で、スマホで手軽に読めます。射精教育の重要性が分かる一冊。

【裸体観の変遷】

中野明『裸はいつから恥ずかしくなったか』（二〇一〇年、新潮社）

明治以降の裸体観の変遷が分かりやすくまとめられた一冊です。興味のある方は必読。

【恋愛の歴史】

前川直哉『男の絆』（二〇一一年、筑摩書房）

「男の絆」が、誰かの犠牲や排除によって成り立っていることが分かります。

【コミュニケーション】

平田オリザ『わかりあえないことから』（二〇一二年、講談社現代新書）

コミュニケーションの本質を突いた名著。対話と会話の違いが理解できます。

【性風俗】

杉坂圭介『飛田で生きる』（二〇一二年、徳間書店）

元経営者による、貴重なルポ。「性風俗の世界には、何も無い」ということが理解できるはず。

【売春】

荻上チキ『彼女たちの売春』（二〇一二年、扶桑社）

売春調査の金字塔的一冊。最後の決め台詞「買春男たちに彼女たちを抱かせたくないなら、社会で彼女たちを抱きしめてやれ」、グッときました。

【AV】

鈴木涼美『「AV女優」の社会学』（二〇一三年、青土社）

「裏の世界」と思われているセックスワークが、「表の世界」と地続きであることを示した名著。

【裸のデフレ化】

中村淳彦『デフレ化するセックス』（二〇一二年、宝島社新書）

「カラダを売る」という最終手段を使っても解決できない女性の貧困の現実に、圧倒されます。

【性生活】

ロバート・T・マイケル他『セックス・イン・アメリカ』（一九九六年、NHK出版）

やや昔の本ですが、内容は今読んでも十二分に面白いです。目からウロコの連続。

JASRAC 出1402825-401

ちくま新書
1067

男子《だんし》の貞操《ていそう》
――僕《ぼく》らの性《せい》は、僕《ぼく》らが語《かた》る

二〇一四年 四 月一〇日 第一刷発行
二〇一四年一〇月 五 日 第三刷発行

著　　者　坂爪真吾（さかつめ・しんご）

発 行 者　熊沢敏之

発 行 所　株式会社 筑摩書房
東京都台東区蔵前二-五-三 郵便番号一一一-八七五五
振替〇〇一六〇-八-四一二三

装 幀 者　間村俊一

印刷・製本　三松堂印刷 株式会社

乱丁・落丁本の場合は、左記宛にご送付下さい。
送料小社負担でお取り替えいたします。
ご注文・お問い合わせも左記へお願いいたします。
〒三三一-八五〇七 さいたま市北区櫛引町二-六〇四
筑摩書房サービスセンター 電話〇四八-六五一-〇〇五三

ISBN978-4-480-06764-7 C0236

ちくま新書

914 **創造的福祉社会** ——「成長」後の社会構想と人間・地域・価値　**広井良典**

経済成長を追求する時代は終焉を迎えた。「平等と持続可能性と効率性」の関係はどう再定義されるべきか。日本再生の社会像を、理念と政策とを結びつけ構想する。

606 **持続可能な福祉社会** ——「もうひとつの日本」の構想　**広井良典**

誰もが共通のスタートラインに立つにはどんな制度が必要か。個人の生活保障や分配の公正が実現され環境制約とも両立する、持続可能な福祉社会を具体的に構想する。

817 **教育の職業的意義** ——若者、学校、社会をつなぐ　**本田由紀**

このままでは、教育も仕事も、若者たちにとって壮大な詐欺でしかない。教育と社会との壊れた連環を修復し、日本社会の再編を考える。

659 **現代の貧困** ——ワーキングプア／ホームレス／生活保護　**岩田正美**

貧困は人々の人格も、家族も、希望も、やすやすと打ち砕く。この国で今、そうした貧困に苦しむのは「不利な人々」ばかりだ。なぜ？　処方箋は？　をトータルに描く。

673 **ルポ 最底辺** ——不安定就労と野宿　**生田武志**

野宿者はなぜ増えるのか？　フリーターが「若者」ではなくなった時どうなるのか？　野宿と若者の問題を同じ位相で捉え、社会の暗部で人々が直面する現実を報告する。

1029 **ルポ 虐待** ——大阪二児置き去り死事件　**杉山春**

なぜ二人の幼児は餓死しなければならなかったのか？　現代の奈落に落ちた母子の人生を追い、女性の貧困を問うルポルタージュ。信田さよ子氏、國分功一郎氏推薦。

784 **働き方革命** ——あなたが今日から日本を変える方法　**駒崎弘樹**

仕事に人生を捧げる時代は過ぎ去った。「働き方」の枠組みを変えて少ない時間で大きな成果を出し、家庭や地域社会にも貢献する新しいタイプの日本人像を示す。

1018
ヒトの心はどう進化したのか
——狩猟採集生活が生んだもの
鈴木光太郎
ヒトはいかにしてヒトになったのか？　道具・言語の使用、文化・社会の形成のきっかけは狩猟採集時代にあった。人間の本質を知るための進化をめぐる冒険の書。

970
遺伝子の不都合な真実
——すべての能力は遺伝である
安藤寿康
勉強ができるのは生まれつきなのか？　IQ・人格・お金を稼ぐ力まで、「能力」の正体を徹底分析。行動遺伝学の最前線から、遺伝の隠された真実を明かす。

363
からだを読む
養老孟司
自分のものなのに、人はからだのことを知らない。たまにはからだのことを考えてもいいのではないか。口から始まって肛門まで、知られざる人体内部の詳細を見る。

339
「わかる」とはどういうことか
——認識の脳科学
山鳥重
人はどんなときに「あ、わかった」「わけがわからない」などと感じるのか。そのとき脳では何が起こっているのだろう。認識と思考の仕組みを説き明す刺激的な試み。

942
人間とはどういう生物か
——心・脳・意識のふしぎを解く
石川幹人
人間とは何だろうか。古くから問われてきたこの問いに、認知科学、情報科学、生命論、進化論、量子力学などを横断しながらアプローチを試みる知的冒険の書。

795
賢い皮膚
——思考する最大の〈臓器〉
傳田光洋
外界と人体の境目——皮膚。様々な機能を担っているが、驚くべきは脳に比肩するその精妙で自律的なメカニズムである。薄皮の秘められた世界をとくとご堪能あれ。

950
ざっくりわかる宇宙論
竹内薫
宇宙はどうはじまったのか？　宇宙は将来どうなるのか？　宇宙に果てはあるのか？　過去、今、未来を縦横無尽に行き来し、現代宇宙論をわかりやすく説き尽くす。